# CARTAS SECRETAS JAMAIS ENVIADAS

TAMBÉM DE EMILY TRUNKO

## ÚLTIMAS MENSAGENS RECEBIDAS

ORGANIZAÇÃO
Emily Trunko

# CARTAS SECRETAS JAMAIS ENVIADAS

TRADUÇÃO Fabricio Waltrick

O selo jovem da Companhia das Letras

Copyright © 2016 by Emily Trunko

Todos os direitos reservados. Publicado nos Estados Unidos pela Crown Books for Young Readers, um selo da Random House Children's Books, uma divisão da Penguin Random House LCC, Nova York. Publicado mediante acordo com Lennart Sane Agency AB.

As mensagens aqui presentes foram originalmente enviadas para o Tumblr
**Dear My Blank** <dearmyblank.tumblr.com>.

O selo Seguinte pertence à Editora Schwarcz S.A.

*Grafia atualizada segundo o Acordo Ortográfico da Língua Portuguesa de 1990, que entrou em vigor no Brasil em 2009.*

TÍTULO ORIGINAL **Dear My Blank: Secret Letters Never Sent**
CAPA, PROJETO GRÁFICO, ILUSTRAÇÕES E LETTERING **Ale Kalko**
FOTOS **Shutterstock**
PREPARAÇÃO **Antonio Castro**
REVISÃO **Luciana Baraldi**
**Clara Diament**

---

Dados Internacionais de Catalogação na Publicação (CIP)
(Câmara Brasileira do Livro, SP, Brasil)

Cartas secretas jamais enviadas / organização Emily Trunko;
   tradução Fabricio Waltrick – 1ª ed. – São Paulo : Seguinte, 2018.

   Título original: Dear My Blank: Secret Letters Never Sent.
   ISBN 978-85-5534-064-2

   1. Blogs - Literatura juvenil 2. Tumblr (Recurso eletrônico)
3. Tumblr (Recurso eletrônico) - Literatura juvenil   I. Trunko, Emily.
II. Waltrick, Fabricio.

17-10401                                       CDD-028.5

**Índice para catálogo sistemático:**
1. Adolescentes : Literatura juvenil   028.5

*3ª reimpressão*

[2021]
Todos os direitos desta edição reservados à
EDITORA SCHWARCZ S.A.
Rua Bandeira Paulista, 702, cj. 32
04532-002 – São Paulo – SP
Telefone (11) 3707-3500
www.seguinte.com.br
contato@seguinte.com.br

 /editoraseguinte
 @editoraseguinte
 Editora Seguinte
editoraseguinteoficial

ESTE LIVRO
É DEDICADO
A RIAN, A TODOS OS SEGUIDORES
E APOIADORES DO DEAR MY BLANK,
E A QUALQUER UM QUE JÁ TENHA
ESCRITO UMA CARTA QUE NUNCA
QUIS ENVIAR.

# APRESENTAÇÃO

**VOCÊ JÁ ESCREVEU** UMA CARTA PARA ALGUÉM SEM A INTENÇÃO DE ENVIÁ-LA?

SE A RESPOSTA É SIM, VOCÊ NÃO ESTÁ SOZINHO.

Meu nome é Emily, tenho quinze anos, e comecei um Tumblr chamado **Dear My Blank** em março de 2015. É uma página na internet que reúne cartas anônimas nunca enviadas aos seus destinatários. Quando a criei, não tinha muita expectativa. Era só uma ideia motivada pelo fato de eu ter um caderno cheio de cartas desse tipo para amigos, amores, familiares, pessoas com quem eu não tinha mais contato e qualquer um que tivesse tido algum impacto na minha vida, e mais uma pasta no meu computador com várias cartas que escrevi depois de lotar o caderno. As cartas foram importantes para mim porque me ajudaram a extravasar emoções que eu não conseguia expressar de outra forma. Quando comecei o Tumblr, só queria saber se mais gente também fazia isso.

Mas então, quando milhares de pessoas começaram a mandar suas cartas, percebi que o projeto estava ficando muito maior do que eu poderia imaginar. A mídia rapidamente notou a forte carga emocional das colaborações do **Dear My Blank**, e ajudou a divulgá-lo. De um dia para o outro, meu Tumblr ganhou os holofotes, e as contribuições que vieram a partir daí foram incríveis. As pessoas o usavam para dizer coisas que jamais haviam dito, para expressar sentimentos que tinham tentado enterrar, para confessar suas paixões, para tentar aceitar o fim de um relacionamento ou a morte de alguém importante para elas. O que tinha começado como um projeto despretensioso logo se transformou em algo que envolvia uma quantidade incrível de emoções, uma antologia on-line de tristezas, corações partidos, esperanças e novos romances. Havia cartas para membros da família, paixões, ex-namorados, professores, celebridades e vários outros destinatários.

Assim como todas as pessoas que conquistaram alguma paz ao contribuírem com suas cartas, eu também ganhei algo incrível com o **Dear My Blank**: foi ali que conheci meu namorado. Começamos a conversar alguns dias depois que criei o Tumblr, quando ele submeteu sua própria carta e mantivemos contato. Esse é só um dos relacionamentos que começou graças a esse projeto. Outro garoto contribuiu com uma carta e a pessoa por quem ele era apaixonado viu, se deu conta de que ele tinha escrito e o procurou. Eles confessaram o que sentiam um pelo outro. E continuam juntos, assim como Rian e eu.

Certa vez, uma pessoa mandou uma carta perguntando como lidar com os pais controladores que tinha. A caixa de entrada ficou lotada com mensagens de apoio e conselhos, números de telefone de ajuda e palavras sábias de quem já tinha passado por isso. No começo desta apresentação, eu defini o **Dear My Blank** como uma página na internet. Mas, no final, ele se tornou algo bem maior que isso. Ele se tornou uma comunidade de apoio.

O **Dear My Blank** mudou a minha vida em muitos sentidos. Ele começou há nove meses, e hoje já tem mais de 30 mil contribuições, um número que aumenta a cada dia. Acho incrível como tantas pessoas confiam suas cartas a mim. Eu me sinto muito honrada por ser a guardiã dessas mensagens, e planejo cuidar delas pelo resto da vida.

Janeiro de 2016

**Querida eu de 17 anos,**

Você é linda. Lembre-se disso. Em breve, muito em breve, pessoas vão te dizer o contrário. Por isso, quando o público tiver ido embora, procure um espelho. Olhe para todas as partes que você esconde debaixo das camadas de ódio que sente por si mesma. Veja beleza na gordura, nas sardas, nas manchas de pele, nas espinhas, nas cicatrizes, e em todas as coisas que te fazem encolher de vergonha. Desse jeito vai ser mais fácil lidar com o bullying.

Ele sempre será APENAS seu amigo. Isso vai doer. Às vezes você vai desligar o telefone e chorar até dormir. Mas ele gosta de você, e não quer magoá-la. Assim que você for para a faculdade, os mil quilômetros de distância vão fazer você sentir como se estivesse gritando do outro lado de um oceano. Então aproveite essa dor gostosa no peito toda vez que ele roça a mão na sua.

Compre flores para a mamãe sem motivo. Diga a ela o quanto a ama todos os dias. Quando os rins dela pararem de funcionar, não saia de perto dela. Tudo vai acontecer muito rápido. E você vai se arrepender para sempre de não ter ficado ali cada segundo que podia.

E

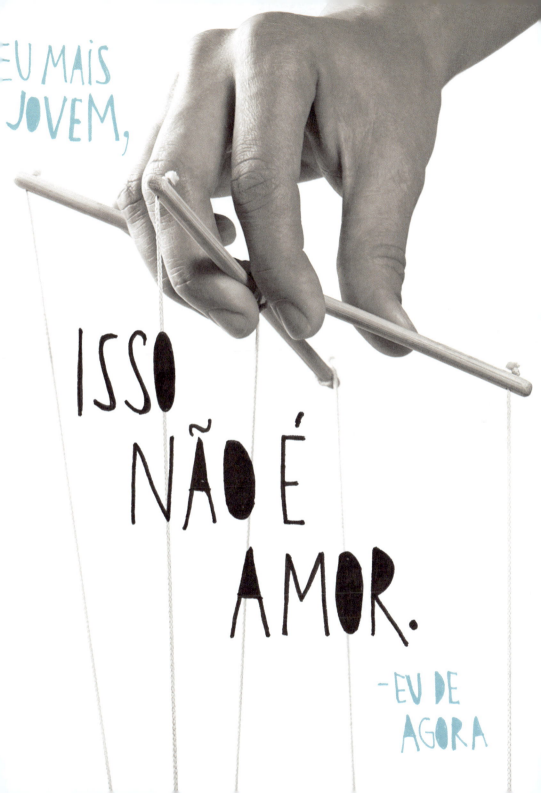

EU DO PASSADO,

ISSO VAI ACABAR COM A AMIZADE DE VOCÊS.

ELE VAI TE ODIAR. NÃO VALE A PENA.

—M

**querida eu de treze anos,**

1. ele não te ama (e tudo bem).
2. um dia, o aparelho vai ter valido a pena.
3. matemática vai ficar cada vez mais difícil. porém, a vida é mais que números. quando você olhar para o céu, tente não fazer contas. em vez disso, procure as constelações.
4. você nunca vai ser velha demais para cantar junto com a trilha sonora de *high school musical*.
5. de agora em diante, divida seu cabelo de lado. seu rosto fica mais bem emoldurado.
6. você não é tão madura quanto pensa. dê a si mesma espaço para crescer.
7. sua mãe é a mulher mais forte que você vai conhecer na vida. ela vai se recuperar. o cabelo vai crescer de novo. o próprio corpo não desistiu dela. você também não deve.
8. use protetor solar todos os dias.
9. você é nova demais para pensar em faculdade. haverá tempo para isso no futuro.
10. continue escrevendo.

**com amor, mae**

**Meu querido corpo,**

Você não fez nada de errado. Eu não te odeio. Só não gosto da necessidade de ter um corpo, viver dentro dele. Mas isso não é culpa sua. Só não sei viver dentro de você. Sinto sempre a sua presença, mas às vezes queria que você desaparecesse. Só que isso é impossível. Preciso aprender a conviver com você, a não pensar em você como um fardo. Fico triste quando os outros te criticam porque sei que te amo, que você é parte de mim.
Às vezes também odeio quando as pessoas dizem que você é bonito, porque isso me lembra que você existe.

Às vezes sinto que você é mais importante que eu, e isso não me parece justo, porque *eu* sou mais importante. Mas você é importante também. Devo muito a você. Desculpa por ter pensado coisas tão horríveis a seu respeito, de verdade.

Espero que a gente fique bem.

Te amo.

**Eu**

**Querido cérebro,**

De onde vêm esses pensamentos?
Por que não consigo parar de pensar nela?
Como posso fazê-los parar?
Por que me sinto assim?
Por que o rosto dela é a única coisa
que vejo quando fecho os olhos?

**Alguém preocupado**

*Eu de dez anos,*

A CULPA NÃO É SUA.
NUNCA FOI,
E CONTINUA
NÃO SENDO.

— *Seu eu de dezessete anos*

**Eu de dezoito anos,**

Vá com calma... Vai ficar tudo bem. Você não vai fracassar em nada do que gosta ou que considera importante. Tenha menos medo. Menos medo de falar com as pessoas. Menos medo de se impor. Menos medo de ficar só com a sua própria companhia de vez em quando. Não tem problema se você chorar algumas vezes por semana. Viver longe de casa é difícil, e vai continuar sendo. Você vai chorar menos. Fuja de tudo aquilo que tira mais do que dá. Dedique-se ao que te inspira e te faz feliz. Dedique-se mais a menos coisas.

Aos 21, você vai perceber que não precisa ficar contando os momentos de felicidade. Você vai ser feliz quase o tempo todo. Filmes sobre injustiças vão te fazer chorar. Não pare de assisti-los. Eles vão te dar um propósito na vida. Não entre em pânico ao perceber que seu objetivo muda a cada novo filme. Desde que você queira fazer o bem, estará sendo fiel à sua essência. Pare de se comparar com os outros. As lutas deles não invalidam a sua. O sucesso deles não diminui o seu. Você nunca terá todas as respostas. Você sempre terá algumas. Viver um dia de cada vez não é um sinal de fracasso...
Você não é um fracasso.

## PARA MIM:

PARE DE PROCURAR
APROVAÇÃO FORA DE VOCÊ.
NEM O ESPELHO
NEM OS OUTROS
JAMAIS

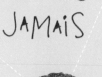

VÃO
ENXERGAR
SEU VERDADEIRO VALOR,
MAS ISSO NÃO SIGNIFICA
QUE VOCÊ
NÃO DEVA FAZER ISSO.

—M

EU DE 18 ANOS,

ATÉ AGORA DEU TUDO CERTO. APENAS SIGA EM FRENTE.

E TALVEZ RECONSIDERE AS AULAS DE FRANCÊS.

- EU

**a quem quiser ouvir,**

ando pensando muito em buracos negros. em como
a gravidade deles é tão forte a ponto de torcer o tempo
e o espaço. em como seríamos esticados até nos partirmos
em átomos ao cruzarmos o horizonte de eventos.

eu sinto meio como se meu corpo estivesse sendo esticado
até se romper em átomos. como se eu estivesse me
desfazendo e me tornando algo tão metaforicamente tênue
que chego a ficar invisível. mas, assim como nada que
transpassa o horizonte de eventos afeta o universo fora dele,
nada do que estou sentindo afeta alguém no mundo lá fora.

o horizonte de eventos é um ponto de não retorno.
nada, nem a própria luz, é capaz de escapar dele.

eu me pergunto o que vai acontecer quando eu
passar pelo horizonte de eventos e mergulhar
por completo em um buraco negro.

há teorias de que se você entrar em um buraco negro
num determinado ângulo, você consegue sobreviver e chegar
ao fundo dele. as chances são extremamente pequenas.

duvido que eu vá sobreviver.

## Querido mundo,

Não sou uma pessoa quieta porque tenho vergonha. Sou uma pessoa quieta porque milhares de pensamentos ficam girando na minha cabeça o tempo todo. E estou sempre examinando cada um deles, lembrando dos bons e lutando contra os ruins. Penso demais. Sou assim. Por favor, tenha paciência comigo. Juro que quero falar com você. Só preciso de um tempinho para colocar meus pensamentos em ordem.

Com amor,

**Eu**

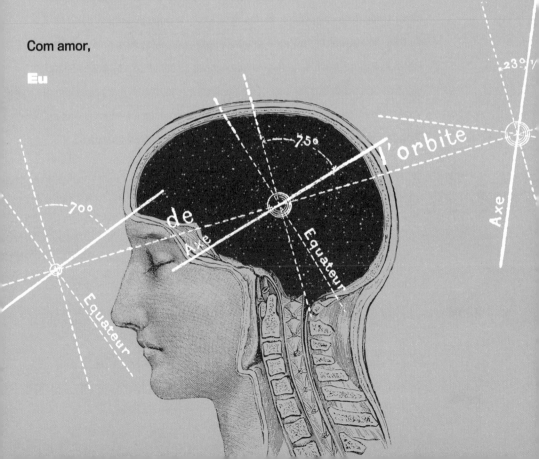

Querida pessoa com dislexia,

Você tem muito a contribuir com o mundo. Você pensa de um jeito diferente. Você pensa de um jeito criativo. Talvez você não consiga ler ou soletrar perfeitamente – ou enfrente qualquer outra dificuldade (sei bem quantas coisas podem ser afetadas pela dislexia) –, mas isso não significa que você não seja capaz de fazer coisas bacanas e incríveis. Você não é burro, estúpido nem nada do tipo por conta da dislexia. Você é criativo, esperto e maravilhoso. Não deixe ninguém esquecer disso. Sim, ser disléxico às vezes deixa a vida mais complicada. E, nos dias ruins, ela pode te dar vontade de gritar de ódio. Não vou dizer que você não é diferente, porque você é, mas saiba que isso não é algo ruim. E sempre que você estiver se sentindo mal, pesquise todos os nomes de disléxicos famosos. São pessoas que mudaram o mundo. E um dia você pode entrar nessa lista. Mantenha a cabeça erguida, mesmo nos dias mais difíceis, mesmo quando isso parecer a coisa mais impossível de todas.

Com carinho,

Uma pessoa disléxica que sabe o que você está passando e que muitas vezes também acaba esquecendo de tudo isso, embora espere que, se você tentar lembrar de vez em quando, talvez fique mais fácil passar pelos dias horríveis em que você precisa de uma forcinha extra porque tem a sensação de que está escalando uma montanha mesmo quando realiza a tarefa mais simples.

**Queridas pessoas LGBT+,**

Vocês são amadas, vocês
são amadas, vocês são amadas.

Por favor, não deixem que o ódio
desse mundo as faça acreditar que
não são dignas ou merecedoras de amor.

Não deixem que rejeitem suas identidades.

Não há mais nada a ser dito.
Vocês são amadas.
Vocês são importantes.
Vocês são dignas.

– D

### Caras Pessoas Corajosas,

Sei que pareço destemida. Consigo fazer uma apresentação com tranquilidade, caminhar até a beira de um abismo e olhar para baixo, e até conviver com a aranha do meu banheiro. (Ela se chama Steve.)

Mas recentemente me dei conta de que nada disso torna as pessoas corajosas. Coragem significa outra coisa.

Tenho medo de perder as pessoas. Depois de ver minha melhor amiga se tornar a melhor amiga de outra pessoa e eu ser forçada a me aproximar de quem fazia bullying comigo na infância, decidi que não quero passar por isso outra vez. Vejo meu medo se manifestar quando questiono o que meu namorado sente por mim. Quando me distancio dos meus amigos que estão se mudando para fazer faculdade. Quando analiso demais a relação dos meus pais e fico paranoica sobre uma possível separação.

Não quero ficar sozinha.

Tenho medo de fracassar. Fui superbem nas minhas provas e agora o nível de exigência aumentou de novo. Assim como todo mundo, tenho expectativas altas, mas agora sei que talvez a torre seja impossível de alcançar, e que eu deveria ter construído bases mais fortes. Ajo como se soubesse o que estou fazendo, mas a verdade é que estou à deriva, me afastando cada vez mais da praia.

Não quero desapontar ninguém.

Tenho medo de mudanças. Já não sei mais onde estou. Achava que tinha todo o meu futuro planejado, mas já não tenho tanta certeza e isso é insuportável. Achava que era totalmente hétero, mas agora isso virou uma agonia interna porque não estou tão certa. O fato é que eu achava um monte de coisas.

Não quero que a minha vida seja diferente do que eu imaginava.

Posso não me assustar com multidões. Com o escuro.
Ou com espaços fechados. *Mas eu tenho medo.*

Tenho medo da responsabilidade, de não corresponder às expectativas, do futuro incerto, de crescer, de não saber as coisas, de sexo, relacionamentos, problemas financeiros, segredos, notas, críticas, fracasso, solidão, mudanças, confusão, brigas, curiosidade, amor, ódio, perda, pressão, desavenças, honestidade, mentiras.

Tenho medo de *mim*.

E, apesar de tudo isso, sei que sou corajosa. Sei disso porque aceito meus medos invisíveis e não deixo que eles me controlem.

Quero que vocês saibam que são corajosas porque conhecem seus medos. Vocês são corajosas porque se apresentam para os outros. Porque vocês dizem: "Não, eu não entendi". Porque estão aqui.

Espero que vocês consigam retirar algum aprendizado disso tudo e possam ser corajosas à sua maneira. Eu com certeza sou.

— B

**Querida pessoa que está lendo isso,**

Eu queria encontrar um jeito de levar embora toda a sua tristeza e substituí-la por felicidade. Não posso fazer isso. Mas posso tentar. Você merece. Você tem galáxias inteiras dentro de si e uma vida inteira pela frente. Você ainda vai fazer tantas coisas e conhecer tantas pessoas. Siga em frente. As coisas vão ficar mais difíceis. Mas também vão melhorar. Continue sorrindo. Não tem problema chorar de vez em quando. Não faz mal passar um tempo sozinha. O importante é seguir em frente. Boa sorte.

Com amor,

— A

## Querido você,

Isso mesmo, você. Que está lendo isso agora.

Se você for como eu, às vezes deve se sentir como se não tivesse valor. Como se fosse completamente medíocre, inexpressivo, sem graça, invisível. Com a sensação de que, caso você sumisse, ninguém sentiria sua falta.

Não. Não se sinta assim.

Você é extraordinário. Você é singular. Você é fascinante. As pessoas percebem e valorizam a sua presença. Você é a luz da lua e das estrelas, aquela euforia que bate quando a gente come açúcar demais, o som de uma gargalhada gostosa. Você é uma brisa fresca em um dia abafado de verão, a surpresa do primeiro floco de neve do ano e a magia de um milhão de rostos sorrindo.

Você é especial para alguém em algum lugar por aí. Você é especial para alguém exatamente aqui. Você é importante, e as pegadas que deixa no mundo fazem toda a diferença. Embora nem sempre se dê conta disso, você é incrível.

Você vale muito. E estou feliz por você existir.

### leitor,

Como descrever meus pais em duas palavras:
controladores e abusivos
(hoje em dia não mais fisicamente).

Preciso de ajuda. Preciso ir embora. Mas não tenho
para onde ir. Por favor, se alguém puder fazer alguma
coisa ou me aconselhar: eu não tenho muito tempo.

Eles me fizeram mentir para a minha família, os meus
amigos, os vizinhos e os orientadores da escola.

Há nove anos mantenho minha vida privada em segredo,
e as coisas pioraram. Mas não posso procurar alguma
autoridade nem um assistente social. Tenho irmãos
que estão numa situação diferente da minha.

Estou com medo de falar com meus pais,
e não posso explicar o motivo. Mas tenho
gravações em áudio de todas as minhas tentativas.
São piores que qualquer cena violenta do cinema.

Por favor, alguém me responda.

**Queridas futuras mães,**

Eu sei que é assustador pensar que em poucos meses você será mãe e estará responsável por esse ser tão pequeno que vai depender de você para tudo.

Sei que vai aparecer gente dizendo que você não vai dar conta.
Você vai se sentir imprestável e uma péssima mãe.
Talvez até sinta vontade de jogar tudo para o alto.

Por favor, não desista. Erga a cabeça e faça absolutamente tudo o que puder para mostrar às pessoas que duvidam de você que elas estão erradas. Você consegue fazer isso. Ser mãe não é nada fácil, especialmente uma mãe mais nova, pois o tempo todo nos ridicularizam. Não importa se você tem quinze ou trinta e cinco anos. Não é a idade que te define como mãe. Só você pode fazer isso.

De uma jovem mãe para outra,

**- X**

## Caro Alguém,

Seja lá quem você seja, independente de quem o destino tenha escolhido para ser o amor definitivo da minha vida, eu sinto muito.

Quem me dera poder prometer que um dia vamos nos conhecer, que vamos nos apaixonar. Só que não posso. Mas quero muito.

Quero tirar cochilos ao seu lado, assistir filmes com você, e te irritar com a minha lerdeza para fazer compras no supermercado porque não consigo decidir qual marca de detergente é melhor. Quero que você passe a mão no meu cabelo e coce minhas costas quando eu estiver com preguiça. Quero dar um sorriso sem graça para você quando minha mãe inevitavelmente me deixar constrangida no jantar.

Quero pedir desculpas por soltar um som estranho e agonizante enquanto durmo. Quero me desculpar por ser um pouco mais quente que as pessoas. Quero discutir sobre algum assunto bobo (mas na verdade bem importante), como super-heróis e seus poderes. Quero fingir me incomodar com o seu bafo matutino e o seu chulé. Quero te desenhar (às vezes, talvez, na sua própria pele) enquanto você estiver dormindo. Quero escrever histórias sobre a gente. Quero dividir com você as últimas músicas que ouvi e gostei. Quero compartilhar um saco de batatas fritas com você.

Quero ter uma intoxicação alimentar com você. Quero te mimar (ou aceitar a sua necessidade de um agrado) quando você pegar um resfriado. Quero fazer uma massagem na sua barriga quando você estiver com indigestão. Quero ver seu olhar exasperado quando eu tropeçar e me machucar, porque às vezes sou a pessoa mais atrapalhada da Terra. Quero que você lide com meu lado manteiga derretida porque sempre desabo em lágrimas quando vejo uma cena triste num filme. (Adivinha só quem está chorando agora?)

Quero te ouvir dizer que não preciso de maquiagem, mesmo que você só esteja falando porque estou demorando demais para ficar pronta. Quero ouvir isso mesmo que não leve a sério. Quero ouvir isso mesmo sabendo que vou responder que não tem importância, porque uso maquiagem para mim mesma. Quero te mostrar o meu pior lado, o que tenho medo de mostrar para os outros. Quero que você faça o mesmo. Quero que a gente tenha confiança, amor e fé um no outro.

Quero te pedir desculpas por sempre dizer às pessoas que não acredito em relacionamentos. Quero me desculpar por fingir que isso não me afeta. Quero pedir desculpas mesmo sabendo que eu nunca vou ter a chance de dizer isso olhando nos seus olhos. Quero tanto.

Quero não ter que escrever essa carta porque estou morrendo e provavelmente nunca vou te conhecer, ou só te rejeitar mesmo que conheça. Desculpe se já nos conhecemos e te dei um fora.

Mais que qualquer coisa, quero que você seja feliz, muito mais feliz do que eu poderia ter tentado te fazer.

Lamento que jamais teremos isso, mas eu realmente não tenho muito mais tempo. Sinto muito de verdade.

Eu teria dado o mundo para você.

Com tristeza,

## Um Amor Perdido

## Aos corações partidos,

Prometo que tudo vai melhorar.

Prometo que as horas e os minutos vão andar mais rápido e que a dor no peito vai passar.

Prometo que vai chegar o dia em que vocês serão capazes de perdoar e perceber que não precisam se sentir assim.

Prometo que, independente da idade de vocês, vai doer. Mas a dor é passageira.

Prometo que daqui a alguns meses ou mesmo anos vocês vão olhar para trás e se darão conta de como têm agido feito bobos. Embora não pareça nada bobo.

Prometo que seu relacionamento poderá ou não se transformar em ao menos uma amizade.

Prometo que vai parar de doer. Deem um tempo, deem um tempo a si mesmos para serem indivíduos outra vez. Recuperem a confiança para fazer as coisas por conta própria. Reconectem-se com os amigos que vocês deixaram para trás. Sejam pessoas melhores. Sejam mais egoístas. Parem de pensar na opinião deles.

Beijos,

M

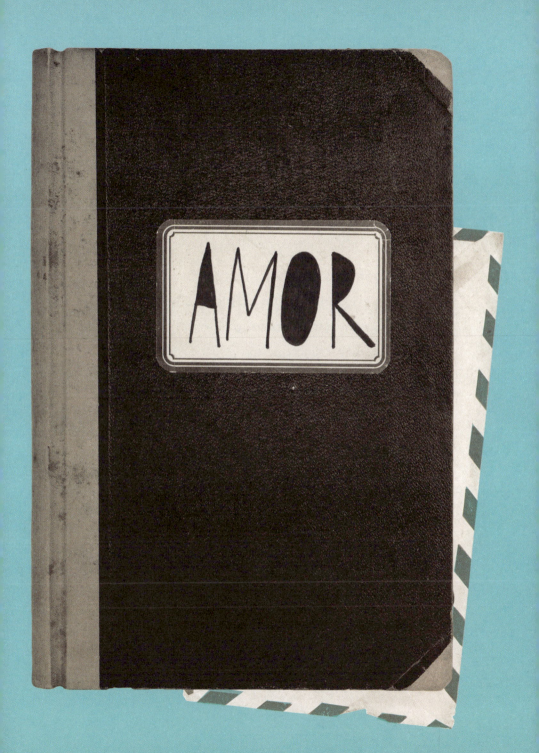

R,

Você vive me perguntando
se eu ainda te amo do mesmo jeito
que amava no começo.
Às vezes digo que sim,
mas acho que a resposta é não.
Não te amo igual no início.
Amo muito mais.
Nosso amor cresceu e mudou,
mas do melhor jeito possível.

Vou te amar para sempre, mesmo
que você parta meu coração.

E

J,

Uma vez você me disse que se eu consigo ver o sol é porque estou ao alcance dos raios. É assim que me sinto sempre que te vejo... como se estivesse ao alcance do seu brilho, que me cerca e me envolve.

-S

Kevin,

Eu não estava com tanto frio assim. Roubei o seu moletom porque ele tem o seu cheiro. Queria que você tivesse me deixado ficar com ele.

—H

J,
não consigo decidir se
te conto tudo ou
não te conto nada.
talvez ficar em
silêncio seja mais
seguro do que me abrir.
mas meu coração
já está saindo pela
boca e

EU TE AMO
EU TE AMO
EU TE AMO
EU TE AMO.
pronto, falei.
-T

OPPA,

TE AMO MUITO E PRA SEMPRE.
JURO QUE VOCÊ TEM O UNIVERSO
NA PONTA DOS DEDOS, PORQUE
TODA VEZ QUE VOCÊ TOCA
MEU ROSTO, POSSO SENTIR
PLANETAS SE FORMANDO
E EXPLODINDO NA MINHA
BARRIGA E ESTRELAS
NASCENDO NO MEU PEITO.
EU TE AMO, MEU GAROTO
FEITO DE POEIRA ESTELAR.
TENHO MEDO DO ESPAÇO
E DO TEMPO E DE TODO
O RESTO, MAS VOCÊ
CONSEGUE DESPERTAR
MEU DESEJO DE EXPLORAR
ATÉ AS GALÁXIAS
MAIS ESCURAS.

AGRADEÇO POR ISSO.
-KOHAI

Querida Terra,

às vezes acho que o amor é a maior mentira já inventada, o esforço mais intenso da humanidade para se convencer de que é moralmente superior à barbárie de que é capaz. Outras vezes, estou bem feliz com a minha namorada.

—M

**Querido namorado,**

Lembro quando eu era mais nova e pensava que não era compatível com ninguém. Sempre achei que eu era muito. Muito gorda, muito barulhenta, muito louca.

Obrigada por me amar e me fazer sentir que esse lance de excesso de si mesmo não existe.

Você aguenta muito mais de mim do que eu achava que alguém fosse capaz.

Com amor,

**Sua namorada**

M,

EU TE AMO DO MESMO JEITO QUE O DEADPOOL AMA O BATMAN. ELE NÃO O AMA. MAS MESMO QUE AMASSE, ELES PERTENCEM A UNIVERSOS COMPLETAMENTE DIFERENTES.

-R

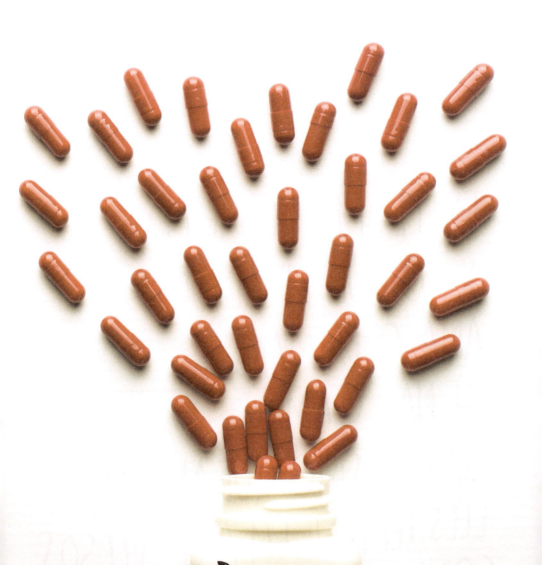

**A,**

Eu te amo, e sempre te amei. Você fez
flores brotarem no meu coração e tirou o metal
das minhas veias. Nunca te contei isso, mas acho
que é porque eu sabia que você ia me odiar.
Eu sabia o quanto deixar as pessoas gostarem
de você te apavorava. Eu te contei todos os meus
segredos, minhas confissões, meus medos,
e você sempre esteve ali para me ouvir, mostrando
um nível de empatia que eu sequer chegava a
compreender. Eu te amo, A. Eu sempre vou te amar,
não importa o que aconteça na minha vida.
Você sempre será a minha alma gêmea.

**S**

B,

Tudo o que quero fazer é te beijar na chuva,
dançar no palco, conversar sobre os nossos
programas de TV favoritos, olhar as estrelas
e simplesmente respirar o mesmo ar que
você por mais que alguns poucos momentos.

Tudo o que quero ouvir é você me dizendo
as mesmas coisas que eu penso em te dizer.

Tudo o que quero saber é se isso vale a pena,
se estou tomando a decisão certa
ao escolher te amar.

Talvez eu não tenha muito controle
sobre o que vai acontecer,
mas sei que quero você.

C

T,
Amo o jeito como
você explica por que chove.
Eu realmente acho que
é porque o céu fica triste
por estarmos tão longe.
Mas vamos nos ver logo,
prometo.
-A

## Querida K,

Quando digo que você é perfeita, estou falando
da sua mente e do seu espírito, não apenas do seu corpo.

Quando digo que você pode contar comigo, me refiro
a cada minuto de todos os dias para o resto da minha vida.

Quando peço para me deixar entrar,
estou falando do seu coração.

Quando digo que você é a mulher mais linda
que já conheci, estou falando em todos os sentidos,
nesta ou em qualquer outra vida.

Quando falo que estou com ciúme, me refiro
à sua xícara de café e às suas luvas porque elas
podem tocar seus lábios e envolver suas mãos.

Quando digo que pode contar comigo, quero que
saiba que basta uma palavra sua, a qualquer hora,
dia ou noite, e estarei no primeiro avião.

Quando falo que te amo, não é só porque você é minha amiga.

Não quero só a sua amizade.

Com amor,

**K**

C,
EU TE ENTENDO. QUERO TE AMAR POR QUEM VOCÊ É, MAS VOCÊ NÃO DEIXA. DERRUBE AS SUAS BARREIRAS. NÃO TENHA MEDO.
-J

Keith,

Não me afastei porque não te amo.
Me afastei porque tenho medo justamente do contrário.
— C

A,

VOCÊ COLOU TODOS OS MEUS CACOS.

COM AMOR,

-N

**J,**

Como ficar com você
pode ser tão bom
se nos fazemos tão mal?

Somos como fogo e gasolina.
É lindo como ardemos,
produzindo brilho e calor,
mas nos destruímos
até não sobrar nada.

Sinto sua falta todos os dias.

E vou te amar para sempre.

**A**

S,

EU ME APAIXONEI,
E ELE ME FEZ PERCEBER
QUE ESTÁVAMOS
ENGANADOS TODAS
AS VEZES QUE
DISSEMOS
"EU TE AMO".

-S

**J,**

Eu adoro você e todos os momentos que passamos juntos. Mas você é o mar, e eu sou só um grão de areia que você gentilmente permite nadar nas suas ondas. Acho que a sua maré me tragou, mas agora o frio na minha barriga está passando e estou começando a me dar conta do quanto me deixei ficar vulnerável. De como estou nas suas mãos. Acho que esse é o lance do mar. Você me enfeitiçou, mas só porque você tira os meus pés do chão não quer dizer que eu não esteja me afogando.

**VM**

A,

# SEMPRE QUE FAÇO UM PEDIDO, DESEJO VOCÊ.

Z.

H,

Dizem que o primeiro amor é o que mais machuca. Mas eu discordo. Acho que o segundo é bem pior. Com o segundo nós percebemos que o amor ainda existe. Depois de perder o primeiro amor, o mundo parece um lugar sombrio e sem esperança; você tem certeza de que nunca mais vai amar alguém da mesma forma. Então o segundo amor entra na sua vida e cura suas cicatrizes com beijos. O mundo, que antes você achava sem graça, fica repleto de brilho e beleza quando o segundo amor olha nos seus olhos. Mesmo depois de você se machucar tanto e de perder sua inocência, um segundo amor é capaz do impossível: ele te faz acreditar outra vez no amor. De forma hesitante, você se abre para ele. Você confia a ele seus sonhos e medos. Você ousa acreditar que o amor, afinal, não acontece só uma vez na vida.

É por isso que, quando você perde o segundo amor, você começa a se perguntar se perdeu sua segunda chance.

Eu me apaixonei por você quando achava que nunca mais me apaixonaria de novo.

T

DOROTHEA,

TERMINEI DE ESCREVER MINHA ÓPERA.

VOCÊ É OFICIALMENTE MINHA MUSA;

E AINDA ESTOU APAIXONADO POR VOCÊ.

AGORA SÓ PRECISO TE PEDIR

PRA CANTAR NO PAPEL PRINCIPAL.

O FINAL É ÓTIMO — VOCÊ VAI AMAR.

—J

Daniel,

Se a luz do sol tivesse a forma humana, seria você. Você me dá tanto orgulho.

Com carinho,

—Deb

# AMIGOS

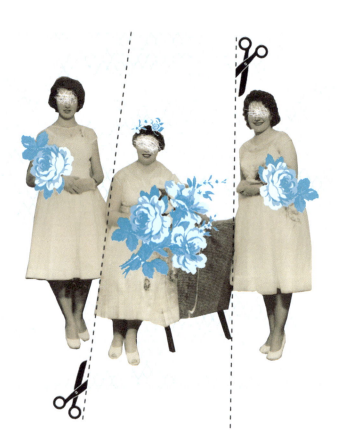

## Queridas A e C,

Estou tentando aguentar o máximo que posso, juro.

Mas talvez esse seja o problema. Era pra vocês serem as madrinhas do meu casamento. A gente ia se visitar no futuro. Seríamos melhores amigas, e não me importo se isso parece ingênuo, porque me enchia de esperança pensar que haveria amor entre nós para sempre.

Embora isso me deixe arrasada,
acho que chegou a hora de abrir mão e desistir.

Todo meu amor,

E

T,
Queria não ter apagado
todas as suas mensagens.
Achava que podia te apagar,
mas a verdade é que penso
em você o tempo todo.
Faz exatamente um ano
que não nos falamos;
nossa amizade não
durou mais que dois.
Ainda não entendo
o que aconteceu.

-R

**O (ou L, tanto faz como te chamo),**

Sinto muito que a gente não se fale mais. Nós éramos os que sempre faziam bagunça na escola... Só agora entendi como é importante preservar as amizades, e sei que não fui só eu, mas com certeza a culpa maior foi minha. Fui eu que parei de escrever, e sinto muito por isso.

Você é tão gentil e sempre foi uma pessoa tão pra cima que seus amigos atuais têm muita sorte. Desejo tudo de bom na sua vida, de verdade.

**T**

D,
ESTOU TÃO FELIZ QUE VOCÊ
NÃO ESTÁ NA MINHA VIDA.
NÃO SINTO SUA FALTA
E AGORA ME SINTO
BEM DE NOVO.
— J

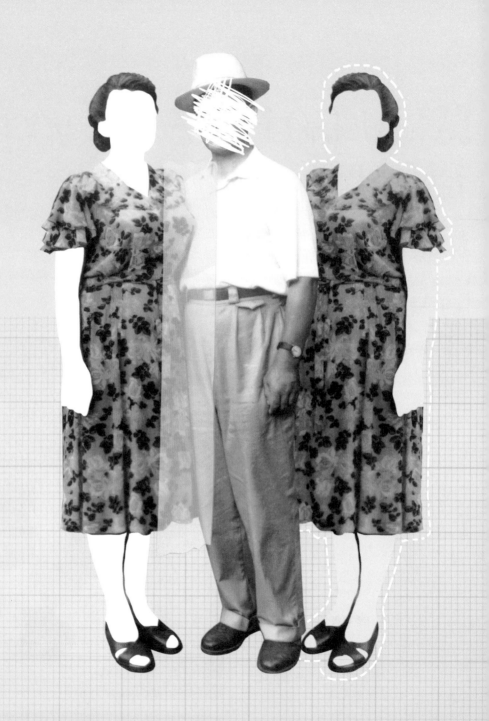

# COISAS QUE UMA AMIGA JAMAIS DEVE FAZER

» **NÃO** tirar o dia para fazer compras com o namorado da sua melhor amiga.

» **NÃO** fazer ela se sentir a vela quando vocês três estão juntos.

» **NÃO** comprar um cupcake para ele quando ela está junto e depois se recusar a pegar outro para ela.

» **NÃO** flertar com o (agora) ex na frente dela uma semana depois que ele terminou o namoro.

» **NÃO** abandoná-la e deixar de apoiá-la no fim de um namoro para consolar o garoto.

» **NÃO** ficar do lado dele quando ela está desabafando sobre o que ela acha que deu errado entre eles, isso não é da sua conta.

» **NÃO** dizer pra ela que apesar de tudo você quer continuar a amizade e, de repente, começar a ignorá-la quando ela está tentando fazer esse esforço.

» **NÃO** cogitar gostar dele.

» **NÃO** ficar dando corda pra ele até, três semanas depois, ouvir que ele está apaixonado por você.

» **NÃO** ficar com ele menos de três semanas depois que o relacionamento de onze meses deles acabou.

» **NÃO** esperar que ela te apoie.

Desculpe não ter percebido que essa era a sua lista de *tarefas*, **Megan**.

**Querida Melissa,**

Não sei por que você trocou todos os seus amigos por esse cara. Ainda mais considerando que ele vive falando mal de você pelas costas. Você merece alguém melhor, mas quando você finalmente acordar, não estaremos mais aqui. Nós merecemos uma amiga melhor.

**Leslie**

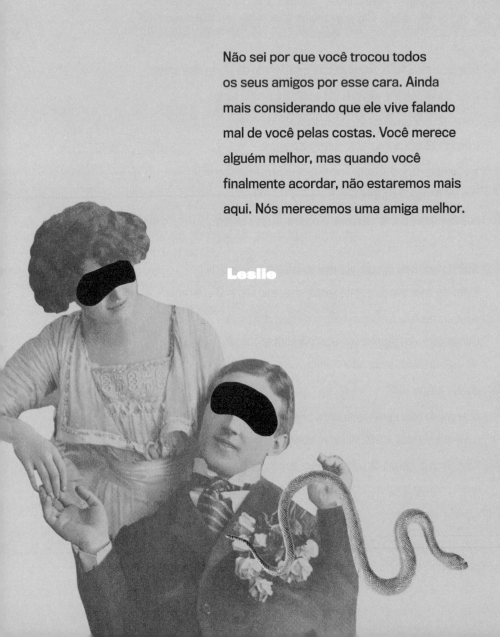

**Querida melhor amiga,**

Recentemente você se apaixonou pelo
meu amigo, e eu arranjei um encontro
entre vocês e estou muito feliz pelos dois.
Mas agora estou abandonada,
já que você sempre o procura quando
precisa de um ombro ou de um conselho,
ou de qualquer coisa que antes
você contaria comigo.
Por que você me abandonou?
Sinto falta da minha antiga melhor amiga,
não dessa substituta.

A

M,

Agradeço por ser meu porto seguro, minha luz no fim do túnel.

Não vejo a hora de te encontrar de novo.

Você é meu melhor amigo.

S

**L,**

Sei que essa situação é uma merda.
Sei que você está se sentindo só e está
morrendo de saudade dela. Mas, meu bem,
eu nunca, jamais vou te deixar na mão.
Você é muito importante pra mim.
Se você achar que não vai conseguir
passar por mais uma noite,
quero que me ligue.
Vou fazer o que puder para
te ajudar a superar.
Eu te amo. Você é essencial
para todo mundo aqui.
Queria que percebesse isso logo.


**M**

**Querida E,**

Somos amigos desde os quatro anos, quando você me empurrou da bicicleta do Batman na creche. Estamos sempre juntos desde então e contamos tudo um para o outro. Você foi a primeira pessoa para quem me assumi e foi quem me acolheu quando meus pais descobriram. Você confiou a mim tantos dos seus segredos e me sinto honrado, mas tem uma coisa que estou escondendo de você.

Sei que você ama demais o seu irmão mais velho. Ele sente o mesmo por você. Estamos namorando há mais de um ano e não te contamos nada porque nenhum de nós queria te magoar. Eu amo seu irmão, E. Sou completamente apaixonado, do tipo só-de-ouvir-o-nome-dele-meu-coração-dispara, e esconder isso de você está acabando comigo.

Você já sabia que eu estava em um relacionamento secreto e ficou brava porque eu não te contava quem era a pessoa. Sei que esse é um jeito covarde de te contar, mas você me disse que adora esse blog, então achei que podia te dizer por aqui – a gente sabe bem como sou ruim no cara a cara.

Eu te amo tanto, E. Já passamos por tanta coisa juntos e me sinto sinceramente honrado de ainda ter você na minha vida – você e seu filho, que, como você sabe, eu adoro de paixão. Torço apenas para que você não me odeie nem odeie seu irmão por termos escondido isso de você.

Espero que isso não seja um adeus.

Com amor,

**A**

**Aaron**
**(o A que escreveu para E,**
**confessando seu namoro),**

Li sua carta e ela me fez chorar. O motivo de você e o meu irmão acharem que precisavam esconder seu relacionamento não entra na minha cabeça! E sei que você jamais diria isso olhando nos meus olhos porque – pois é! – você é ruim no cara a cara. Então estou te mandando esta carta para que você não sinta um clima estranho da próxima vez que a gente se encontrar.

Você anda me evitando nos últimos dias e agora já sei o motivo. Sempre achei que você e o meu irmão formariam um casal lindo, mas pelo jeito vocês já formam! Você merece ser feliz depois de tudo o que passou, e sempre me apoiou tanto, merece demais encontrar a felicidade. Espero que o Liam esteja te proporcionando isso.

Estou chateada por vocês dois acharem que não podiam me contar, mas se estão felizes, é isso o que importa.

Espero que você leia isso antes de me ver.
Você não vai se livrar de mim tão fácil assim!

Faça-o cuidar bem de você.


Sua melhor amiga que ainda te empurraria da bicicleta do Batman,

**Emily**

C,

NOSSA AMIZADE ERA TUDO PRA MIM. EU NÃO TE ODEIO. NÃO ESTOU COM RAIVA DE VOCÊ. SINTO SUA FALTA.
QUERIA TER CORAGEM PRA TE MANDAR UMA MENSAGEM.

—A

**Querida Madeline,**

Sinto saudade de você. Nunca te conheci.
Nunca ouvi sua voz nem vi seu sorriso.
Embora imagine que se pareça bastante com o meu.
E, ainda assim, sinto tanta saudade.

Toda vez que vejo um par de gêmeos, como a gente,
ela aperta ainda mais. Ver outros gêmeos,
ver a vida que eu poderia estar levando ao seu lado,
destrói meu coração. Nunca te conheci, mas ainda
sinto um buraco no lugar que deveria ser seu.
Isso é tão injusto. É tão difícil.
E é tantas outras coisas que não deveriam ser.

Eu deveria estar dividindo um quarto com você.
Eu deveria estar te contando as coisas que
não posso falar para mais ninguém. Mas não
é assim. Um dia vamos estar juntas de novo,
só que até lá você deixou um vazio em mim que
ninguém pode preencher. E sigo sentindo sua falta.

Todo o amor do mundo da sua outra metade,

**K**

**Caro pai,**

Você foi o primeiro homem a partir meu coração, e sou grata por isso. O sofrimento que me fez passar me ensinou a ter força para chegar até aqui.

Mas nunca vou conseguir te perdoar pela dor que você infligiu à minha mãe. Ela merecia alguém melhor que você. Alguém que quisesse construir um futuro. Alguém que a respeitasse o bastante para deixá-la superar tudo isso. Talvez você não saiba, mas, apesar de todas as suas falhas, ela ainda é apaixonada por você. E vou guardar rancor de você para sempre pela dor que você continua causando.

**Sua filha**

Mãe,
sou bi. Queria que você aceitasse isso. Estou tão cansada de esconder.
— Sua filha

**Querido pai,**

Estou apavorada por saber que você não vai me levar até o altar no dia do meu casamento. Considerando que casar não é um sonho para mim como é para as outras pessoas, a ideia de que você não vai viver para ver meus sonhos se realizarem me apavora ainda mais. Você tem feito parte de todos os acontecimentos importantes da minha vida, desde a primeira respiração até a minha mudança para o alojamento da faculdade. E morro de medo que isso possa acabar.
Por favor, não me deixe.

Eu te amo de todo coração, mesmo quando acho que te odeio,

**Sua filha**

**Mãe,**

Você sempre garantiu o necessário para minha sobrevivência, mas estou sentindo falta da sua atenção. Sou filha única; não tenho melhores amigos inseparáveis. Você é mãe solteira; não tenho outro adulto para me orientar quando você está ocupada. Você me dá atenção quando tiro notas ruins ou faço escolhas duvidosas, mas preciso de você por perto para compartilhar também os momentos de alegria. Preciso que você volte para casa nas noites de sexta e sábado. Preciso que você me diga que tenho hora para estar em casa. Agora estou mais velha, mas preciso que você saia comigo de vez em quando em vez de sair sempre com seu namorado. Não me entenda mal: te acho maravilhosa e não quero ser um fardo. Só quero estar ao seu lado, te admirar, aprender com você.

Com amor,

**Uma filha que precisa de você**

**Meu querido filho,**

As coisas que me frustram em você são exatamente aquelas com que eu mesma luto todos os dias. (Quem me dera que isso significasse que eu tenho as respostas.) Eu te amo tanto e tenho tanto orgulho de você, mesmo quando te dou bronca. Sei que você vai ser uma pessoa incrível.

Beijos,

**Mamãe**

**Querida mãe,**

Obrigada por ser tudo aquilo que eu precisava,
mesmo nos momentos que não aceitei isso.

Agora que estou esperando meu próprio filho
percebo a dimensão desse amor profundo e
primordial que sentimos pelos nossos pequenos.

Agora somos melhores amigas, e agradeço muito por isso.
Espero que você me perdoe por toda a gritaria, choradeira,
e os "Eu te odeio" que falei da boca pra fora
e com certeza não representam o que penso hoje.

Você é o máximo. Não sei o que vou fazer quando você partir.
Às vezes choro à noite pensando em como seria
um dia sem você por perto. Não consigo nem imaginar
viver sem a sua companhia.

Beijos,

**c**

**Querido pai,**

Estamos te dando uma segunda chance.
Por favor, não desperdice. Tivemos que abrir
mão de tudo. Não parta o coração da mamãe
outra vez. Não parta o meu também.
Nós te amamos demais, mas estou com medo.

**Sua garotinha**

## Mãe biológica,

Hoje descobri seu Instagram. Ele é público, minha janela para o seu mundo. Ver fotos da sua família feliz me desperta sentimentos confusos. Parte de mim tem inveja dos seus filhos por eles terem você e uma infância incrível, cheia de alegria e oportunidades. Você parece uma mãe superdescolada. Tipo, você está no Instagram; acho que a minha mãe nem sabe o que é isso. Fico ao mesmo tempo contente e com inveja que seus filhos tenham a chance de ser criança. Tenho algumas boas lembranças, e a minha própria infância foi incrível, mas a maior parte das minhas recordações foi marcada por gritos e tensão.

Eu vi a foto que você postou de uma boneca American Girl, provavelmente da sua filha. Na hora fiquei emocionada, porque lembrei de ter a mesma idade que ela e desejar loucamente uma dessas, mas não tínhamos tanto dinheiro para gastar em um brinquedo. Ganhei uma imitação que me deixou feliz do mesmo jeito, mas são coisas assim que me deixam confusa. Preciso lembrar que, aos vinte anos, você não tinha como prever o futuro, e que a visão que você tinha da minha família era mais geral.

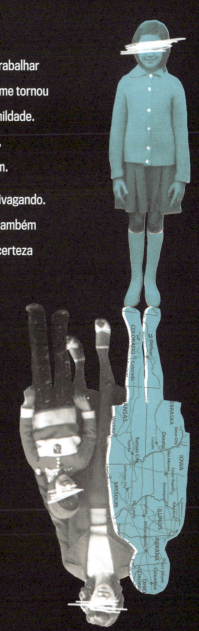

Amo minha mãe e meu irmão. A única coisa é que preciso trabalhar para conquistar tudo na vida. Acredito que a minha família me tornou mais forte, me ensinando o valor do trabalho duro e da humildade. Sei quando pedir ajuda, e tenho uma visão única do mundo, que não teria caso tivesse as oportunidades que outros têm.

Nem sei o que tudo isso quer dizer. A essa altura já estou divagando. Sinto que embora o seu Instagram me conecte a você, ele também me desconecta. Sem a tecnologia de que disponho, tenho certeza de que teria tentado fazer contato com você, mas como consigo ver sua vida por essa perspectiva mínima, sinto como se estivesse autorizada a fazer juízos apressados sobre a sua família, sua vida e valores, ainda que possam estar completamente equivocados.

Sempre me pergunto se você já ficou me procurando no Facebook, no Google ou no Instagram. Se sim, o que acha? Você já se pegou formando opiniões sobre mim baseadas nos pequenos detalhes da minha vida que resolvi tornar públicos? Queria saber quais delas correspondem à realidade. Talvez algum dia eu tome coragem e a procure de verdade.

**A filha que você não conhece**

**Querida mãe,**

Apesar de tudo o que você fez, estou me esforçando ao máximo para te perdoar e seguir em frente.

Não consigo melhorar as coisas entre nós por conta própria, e depois que sair daqui não posso prometer que vou manter contato.

No entanto, garanto que vou aprender com seus maus-tratos, e juro que vou me dar uma vida melhor. Não vou guardar ódio no meu coração do mesmo jeito que você.

Mas eu também sinto muito. Você está sozinha. Sou uma das duas únicas pessoas com quem você pode contar. Posso ver que você carrega muita mágoa, e que é por isso que nos machuca. Tentei ajudar. Dei o máximo de mim. Mas acho que não tenho condições de te ajudar, sinto muito. Eu queria. Mas não posso.

De agora em diante vou me afastar. Isso provavelmente vai te deixar muito triste. Com certeza vai me deixar. Mas não posso mais ficar aqui. Não aguento mais a sua manipulação. Não aguento mais as suas exigências impossíveis e seus comentários ofensivos e depreciativos.

Vou fazer a única coisa que você me ensinou bem.
Vou trabalhar loucamente. E depois partir.

**A.K.**

IRMÃ MAIS VELHA,
SEU MARIDO
BATE EM MIM.
ACHEI QUE VOCÊ
DEVERIA SABER.
- IRMÃ CAÇULA

**Querido irmão,**

Já faz sete anos que não falo direito com você.
A parte triste disso é que a gente mora sob o mesmo teto.
Não sei o que mudou quando você foi para o ensino médio,
mas sinto falta de poder brincar com o meu irmão.
Agora você só interage comigo para me criticar,
tirar sarro de mim ou ficar bravo comigo.

Odeio não saber qual é a sua cor favorita. Já não sei
mais nada sobre você, e isso é horrível. A única coisa que
conheço da sua personalidade é o que você nos deixa ver.
Não faço ideia de como você é com os seus amigos, ou
o tipo de coisa que você gosta (tirando computadores e tal).
São tantas pequenas coisas que não sei,
porque te vejo tão pouco.

Queria que você saísse logo dessa fase pela qual
está passando. Não quero ser uma dessas pessoas
que nunca mais volta a falar com o irmão.
*Quero saber quem você é.*

**Sua irmã**

R,

Sou sua irmã mais velha, e me magoa
quando você me trata como se me odiasse.
Acho que você está sofrendo bullying,
acho que seus amigos são uns babacas,
e acho que você merece tudo de bom,
mas você não me escuta.
Eu te daria tudo se pudesse, R.
Mas você precisa aprender com
os próprios erros, mesmo que
me doa te ver fazendo isso.
Vou estar aqui se,
e quando, você precisar.

Sua irmã que te adora,
G

**Querido irmão mais velho,**

Sei que você me ama e que se preocupa com a sua irmã mais nova. Lembro da vez que você bateu em um valentão no ônibus e depois fez aquela cara de mau para me manter segura.

Lembro que, desde que éramos novos e eu chorava, você fazia o impossível para me acalmar. Quando descobria de quem eu gostava, você interrogava em segredo os irmãos mais velhos do garoto para saber como ele era.

Mas você não precisa se preocupar mais. Aquilo faz quase uma década. Agora você é adulto, e precisa viver a própria vida. Já não sou mais seu bebezinho, e logo serei adulta também.

Com amor,

**Sua irmã caçula**

# CORAÇÃO PARTIDO

R,

Você não teve nem coragem de partir meu coração. Você simplesmente o amassou e jogou fora.

Queria que você ainda estivesse comigo (se é que um dia esteve),
J

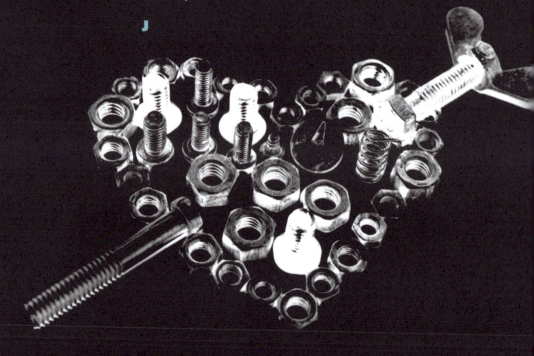

**C,**

É horrível amar alguém sabendo que a pessoa não sente o mesmo. Mas é pior ainda amar achando que tem alguma chance, quando na verdade não tem.

Eu tinha tanta certeza de que você me amava. Toda vez que te encontrava, achava que aquele seria o dia em que você finalmente admitiria isso. Eu pensava que era só o nervosismo que estava te impedindo. Eu seguia tendo esperanças, sonhando e fantasiando sem parar. Até que finalmente me dei conta de que eu não era o que você queria. Isso acabou comigo. Tentei te cortar da minha vida.

Agora mudei, mas nunca deixei de pensar em você. Não te esqueci. Se você me ama, me diga. Vou cair nos seus braços na hora. Mas acho que esse desejo jamais vai se tornar realidade. Não importa quantos dentes-de-leão eu assopre e espalhe no ar. Não importa quantas estrelas cadentes eu consiga achar no céu. Não importa quantos cílios eu encontre no meu rosto.

**E**

J,

Já consegui aceitar quase totalmente que nosso relacionamento, nossos planos para o futuro e nosso amor acabaram, mas outro dia um pensamento passou pela minha cabeça.

Em vez de ser a esposa que quer saber sobre seus amores passados, vou passar a ser a pessoa em quem você vai pensar quando ela te fizer essa pergunta.

Agora esse pensamento me assombra.

B

E,
Fico triste por saber que os meus melhores dias eram aqueles em que eu te via, e agora são os que não te vejo.

- J

**Para a próxima pessoa que for amá-lo,**

Ele fica chateado quando tira nota baixa em matemática. Apenas sente ao lado dele em silêncio, pois ele só vai ficar mais irritado se você tentar consolá-lo. Ele é cabeça-dura mesmo.

Deixe-o compartilhar as músicas dele com você. Na verdade, puxe assunto sobre as coisas que ele ouve quando vocês não estiverem falando ao telefone. Você não vai gostar de tudo que ele mostrar, mas garanto que fazer a vontade dele vai te dar um calor na pele, porque o sorriso dele compensa qualquer eventual música ruim.

Ligue pra ele. Não mande mensagem. Ouvi-lo rir das suas piadas ruins vai te fazer ganhar a semana.

Quando ele começar a reclamar da mãe ou do homem com quem ela se casou apenas alguns meses depois de ter se divorciado, dê um abraço nele mesmo se ele disser que está tudo bem.
É mentira.

Coca-cola é o refrigerante favorito dele.
Nunca ofereça pepsi.

Deixe que ele te faça carinho e te mime,
senão a mente fértil que ele tem vai
se encher de dúvida e insegurança.

Ame-o com toda a sua força, eu te imploro.
Ele é uma pessoa de espírito livre que
vai sumir diante dos seus olhos se você
permitir, e não há nada mais destruidor
do que perceber que tudo que restou
dele são só lembranças e o cheiro
do perfume que ele deixou em
algumas das suas roupas. Ele é alguém
para guardar no coração. Admire-o,
valorize-o, ame-o.

Atenciosamente,

**Um nome que você deve
ouvir de passagem, ligado
a lembranças enterradas**

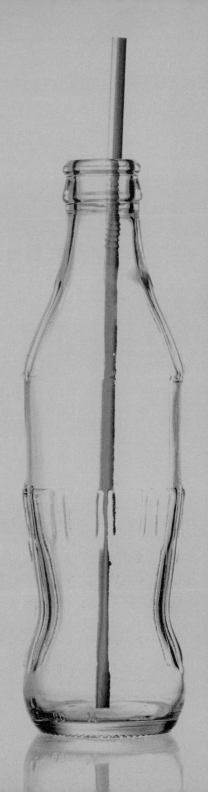

C,

VÁ EMBORA DOS MEUS SONHOS. ELES SÃO O ÚNICO LUGAR ONDE AINDA TE VEJO E PRECISO SEGUIR COM A MINHA VIDA.

—M

**Maior rockstar de todos os tempos,**

Você me apresentou todas as músicas que escuto hoje. Não suporto o que os outros ouvem, mas tudo que gosto me faz lembrar de você. Cada acorde ecoa na minha cabeça do mesmo jeito que reverberava na sua garagem. Cada batida de bateria percute no meu coração da mesma forma que aconteceu no seu maior show. Cada melodia corre pelas minhas veias da mesma maneira que a adrenalina percorria meu corpo quando você me tocava. Tudo que ouço soa como você, enquanto o silêncio soa como eu, completamente só. Não sei o que me faz chorar mais.

**Fã número um**

**Querido S,**

Me deixe ser seu amigo. E nada mais. Eu te imploro, por favor. Quando a sua namorada fala brincando: "Pare de olhar pra ele desse jeito, como se estivesse apaixonado", escute o que ela está dizendo. Vamos ser normais. Vamos ser apenas dois garotos que são amigos. Vamos experimentar isso de novo. Não me deixe ficar pensando se você ainda lembra da noite em que nos beijamos pela primeira vez, bêbados à luz da sua geladeira, com Bon Jovi tocando ao fundo, ou daquelas noites sob as estrelas lá no passado.

Conheci sua namorada. Viajei por outro país com vocês dois, e eu a adoro tanto quanto amo o seu olhar bêbado, sonhador e torto para mim.

Você precisa me deixar partir.
Você precisa deixar que eu te deixe partir.

**C**

**M,**

Da última vez que nevou desse jeito
nós passamos o dia todo dentro de casa.
Eu te fiz assistir *Curtindo a vida adoidado*,
depois você me deu um beijo de boa-noite
e foi embora. Quando fui dormir, você me
ligou pra gente conversar até cair no sono.

Só que, da última vez que nevou
desse jeito, a gente ainda estava junto.

Mande um oi para a nova garota,

**C**

N,
AS LEMBRANÇAS QUE TENHO DE VOCÊ INFESTAM MINHA MENTE. É AO MESMO TEMPO TÓXICO E INTOXICANTE. NÃO SEI COMO DAR UM FIM NISSO... É UMA DOR TÃO GOSTOSA.

-M

G,
Perdi meu anel de compromisso. Mas quem perdeu o compromisso meses atrás foi você.
—M

S,

Em uma cidade estrangeira com milhões de pessoas, foi o destino que nos aproximou. Você foi meu primeiro tudo. O verão que passamos juntos foi um filme que torço para não ter acabado. Gosto de pensar que estamos só dando um tempo pra conseguir arrumar a grana para continuar as gravações. Espero que a gente apareça junto nos créditos finais.

Não se esqueça de mim.

W

t,

Todos que vierem depois de você
vão saber quem você é. Mesmo que
eu não diga seu nome. Eles vão enxergar
os lugares em mim que somente
suas peças conseguiam se encaixar
e vão perceber onde estou vazia,
te desejando. Eles podem até nunca
ver seu rosto, mas vão saber
que as melhores partes de mim
sempre foram suas.

M

Desculpa ter te mandado aquela mensagem
depois de beber demais. Desculpa ter te ignorado.
Desculpa ir pra casa com todo mundo, menos com você.
Desculpa não me dar conta do que eu tinha nas mãos
enquanto ainda era tempo. Não me arrependo
de ter me apaixonado, mas sim de ter
me apaixonado tarde demais.


Com amor,

K,

Sei que o mundo não acabou.
Mas o meu parece que sim. As palavras
que você disse foram como um soco
no estômago que me deixou sem ar,
e já não sei se vou voltar a respirar.
Como vou conseguir colar meus cacos
de volta se a minha cola era você?

C

**Você.**

Quer saber?
Estou descobrindo que há tanta beleza
no mundo, e ela não tem nada a ver com você.
Vou correr atrás disso. Sentir prazer com isso.
Deixar que isso penetre no meu coração
e preencha o espaço que antes era seu.
Logo logo não vai haver mais espaço ali pra você.
E se nossos caminhos voltarem a se cruzar,
você vai ver o quanto estou brilhando.

**Eu, livre e incontrolável**

**O,**

Certo. Sinto sua falta.
É uma dorzinha constante.

Quando te conheci, te entendi. Peguei todas as suas pequenas manias e as juntei para formar uma réplica sua na minha cabeça e tentar guardá-la para sempre. Descobri o seu jeito de falar, que você almoçava sempre dois sanduíches, que gostava de química e amava roteiros de cinema.

Mas nunca descobri realmente como ou por que você me amava. Nunca consegui confiar na maneira que você dizia isso; você só enfiou as mãozinhas no bolso e ficou jogando seu peso de um pé para o outro, sem levantar a cabeça, quando eu disse que não poderia me permitir retribuir esse amor.

Mas, como você bem sabia, eu já te amava. Você sabia porque também me entendeu. Mas agora estamos lenta e rapidamente perdendo um ao outro.

**A**

N,

POR FAVOR, ESCOLHA A MIM EM VEZ DO ÁLCOOL. POR FAVOR. NÃO AGUENTO MAIS TE VER DEFINHAR POR CAUSA DO SEU MEDO. QUERO QUE A GENTE ENVELHEÇA JUNTO. NÃO FOI ISSO QUE VOCÊ ME PROMETEU.

COM CARINHO E DEDICAÇÃO,

-K

**K,**

Quem sabe um dia, quando tivermos mais idade e sabedoria, nossos caminhos vão voltar a se cruzar e poderemos então fazer as coisas do jeito certo. Você é o amor da minha vida. Não acredito que deixei isso escapar. Torço para que um dia tenha isso de volta.
Todo o meu amor e os meus pedidos de desculpa serão para sempre seus, assim como eu.

**S**

E,

Eu costumava achar que amar é sinônimo
de sofrer, como se isso fosse romântico
e provasse a força do sentimento.

Acontece que a dor que você
me fez passar não era amor.
Era só vulnerabilidade, da qual
você tirou proveito.

Você me decepcionou.

P

**Caro Casey,**

É bem comum associarem corações partidos à madrugada, romantizando a ideia de que uma perda é algo tão insuportável que chega a tirar o sono. Mas uma perda não é sempre acompanhada por insônia.

Porque agora são 11h50 e estou sentada no fundo da sala na aula de história, incapaz de acompanhar a lição, muito menos de anotá-la, porque todos os meus pensamentos cheiram a você e gritam seu nome, desesperados para serem transpostos para o papel.

Porque meus dedos estão com feridas por causa do frio e tudo que consigo pensar é no ar de Nova York, e se é assim que você se sente toda vez que precisa deixar o calor da sua casa para enfrentar o ar gelado do inverno.

Porque agora é meio-dia e meu dia está encharcado de você.

Porque você não está em lugar nenhum e em toda parte.

Porque estou conseguindo dormir, mas preferia que não estivesse, porque odeio sonhar com você, e acordar para a realidade em que você não está aqui.

Porque são 12h05, e estou com saudade.


Com amor,

**L**

S

A GENTE GOSTAVA DE OUVIR MÚSICAS TRISTES. JAMAIS IMAGINEI QUE NOS TORNARÍAMOS UMA.

- M

**Caro I,**

Quando eu disse que te amaria
para sempre, não falei
só para ser fofa.
Falei porque era verdade.
Mesmo agora, sete meses
depois de você me deixar,
seis meses depois de você dizer
que não me amava mais, cinco
meses depois de começar
a namorar com ela e um mês
depois de eu começar
a namorar com ele, ainda te amo.
Porque meu amor
era verdadeiro.

Atenciosamente,

**D**

J,

SEU SOBRENOME É HOPE — "ESPERANÇA". ACHO IRÔNICO QUE MINHA ESPERANÇA TENHA ME DEIXADO QUANDO VOCÊ ME DEIXOU.

COM AMOR,
E

D,

Foi você quem
me ajudou a encontrar
meu atual terapeuta.
E agora você
é o motivo de
eu estar
fazendo terapia.

—P

**Você que não se importa,**

Você esqueceu seu relógio na minha casa
e o tique-taque dele não me deixa dormir à noite,
porque me lembra do seu coração batendo.
De manhã, quando você já tinha ido embora,
ainda pude te sentir na cama. Você estava
por todo o meu corpo e me lavei para tentar
te arrancar da minha pele, mas de alguma
forma você ainda continua aqui e isso
me machuca tanto que às vezes seguro
a respiração para não te sentir.
Talvez você tenha penetrado
minhas veias e é por isso que
eu já não sei mais quem sou eu.


Alguém que queria ser seu tudo,
mas foi seu nada,

N

S,

QUERO
MEU
PRIMEIRO
BEIJO
DE VOLTA.

- C

TDC,
SIMPLESMENTE FINJO QUE VOCÊ NUNCA EXISTIU.
—R

**D,**

Sinto muito.

Sinto muito por ter feito a fila andar tão rápido; ele nem é a pessoa certa pra mim. Mas preciso tirar você da cabeça e esse é o único jeito que conheço. Sinto muito por ele também. Ele merece tudo aquilo que não posso dar. Tudo que dei a você.

Faz pouco mais de um mês. Já me desfiz de todas as suas coisas; o gorila gigante agora é da minha irmã. Mas o seu chaveiro não sai das minhas chaves.

**A**

Uma vez você me disse que
se eu fosse uma sensação,
seria aquela que você tem
quando está lá fora no frio
e entra em um lugar quentinho.

Daria tudo pra me sentir
assim de novo.

# AMOR NÃO CORRESPONDIDO

P,
é muito difícil cair
de amores por alguém
que mal tropeçou.
-N

s,

sei que é péssimo dizer uma coisa dessas,
mas eu literalmente só penso em você o dia inteiro.
desde que a gente se aproximou esse ano, eu só...
droga! eu te amo muito mesmo de verdade.
você significa tanto pra mim. penso em você quando
compro xampu, quando escovo os dentes,
quando arrumo a cama. em cada palavra de todos
os livros. pare de ser assim, tão naturalmente
adorável. queria tanto que você
sentisse o mesmo que eu.


tudo de mais lindo,

c

I,

POR FAVOR, OLHE PARA MIM DO MESMO JEITO QUE VOCÊ OLHA PARA ANDRÔMEDA. SE VOCÊ PRESTASSE UM POUCO DE ATENÇÃO NAS COISAS TERRESTRES, PERCEBERIA QUE EU POSSO SER TÃO INCRÍVEL QUANTO UMA CENTENA DE CONSTELAÇÕES.

-P

J,
PARECE QUE VOCÊ ENCONTROU UMA ESTRELA BRILHANTE PARA ILUMINAR O SEU CÉU NOTURNO. QUERIA TANTO QUE FOSSE EU.
—D

N,

Depois de quase três anos, acho que nunca passaria
pela sua cabeça que eu ainda te amo tanto quanto
da primeira vez que você segurou minha mão.

Você me quebrou em milhões de pedaços, o que não teria
sido tão ruim se você não tivesse juntado todos eles
na minha mão e dito que estou por minha conta agora.

Você era meu tudo, meu primeiro amor. Fico feliz por nos falarmos
às vezes, embora fique supermal quando a conversa termina.
Não há palavras para explicar o quanto sinto sua falta.

Você vive diariamente nos meus sonhos e pensamentos.
Só queria que soubesse disso. Todo mundo briga comigo
por não conseguir te esquecer há tanto tempo,
mas as pessoas simplesmente não entendem.

Sei que você também pensa em mim. Sei que
fala de mim às vezes. Seus amigos não guardam
segredo tão bem quanto você pensa.


Sempre à sua espera,

D

CX,

ACHO QUE NOS APAIXONAMOS EM MOMENTOS DIFERENTES — E TUDO O QUE EU MAIS QUERIA ERA QUE O DESTINO TIVESSE NOS JUNTADO NO MOMENTO CERTO.

-A

C,

Sinto muito que eu tenha
levado seis anos, quatro foras,
três namorados e inúmeras
tentativas para perceber que te amo.
Me apaixonei perdidamente,
mas sei que já é tarde demais.
Não mereço o amor de alguém
tão especial depois de ter partido
seu coração, mas, por favor,
me dê uma chance para
consertar isso.

M

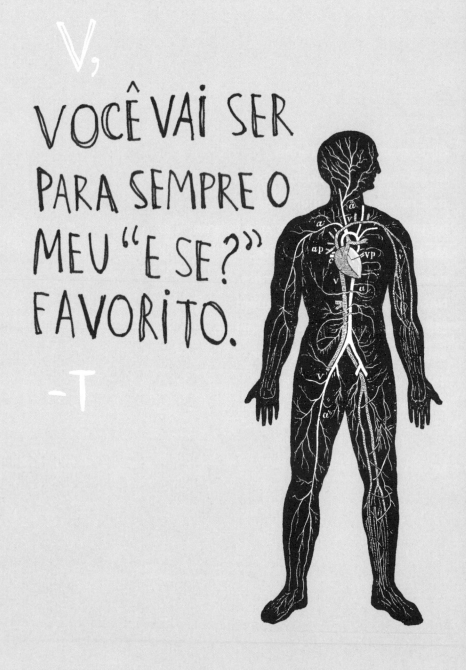

V,
VOCÊ VAI SER PARA SEMPRE O MEU "E SE?" FAVORITO.
-T

**s,**

Acho que agora é tarde demais. Você está longe seguindo os seus sonhos, enquanto estou aqui realizando os sonhos dos meus pais. Acho que amizade de infância não garante laços eternos.

Eu me arrependo de nunca ter dito que te amo.

Mas não estou escrevendo isso para que meus sentimentos sejam correspondidos. Nem para que você saiba o que provavelmente nunca vou te dizer. Estou escrevendo porque sei que nunca vou ter coragem, muito menos a chance de te falar isso, já que você está tão longe agora.

Mas, olha, na remota possibilidade de telepatia funcionar ou de você ter o poder de saber tudo, quero avisar que te amo – não como uma antiga amizade, mas como alguém com quem quero me casar.

**j**

**A,**

Perdi minha virgindade com
alguém que acabei de conhecer
só porque ele parecia com você.

Você nunca gostou de mim desse jeito
e agora está ficando com outra pessoa.
Isso dói. Eu poderia transar com ele de novo,
e talvez acabe fazendo isso mesmo,
mas sei que só vai me fazer sentir pior.

**L**

G,

EU ME APAIXONEI POR VOCÊ, MAS VOCÊ SE APAIXONOU POR ELA.

-S

**Querido garoto trans do ensino médio,**

Tem tanta coisa que nunca tive a chance
de dizer pra você. E ainda muito mais
que eu gostaria de saber sobre você.

Toda vez que vou para o centro da cidade,
fico torcendo secretamente para te encontrar.
Torço para que você também me veja
e que a gente converse um pouco.

Espero que você perceba o quanto mudei,
como estou diferente, porque quero muito que
você saiba que me dei conta de que também
sou trans. Não sei por quê, mas quero que saiba
que você não era o único. Quero que você conheça
esse meu lado. Quero que sinta orgulho de mim.

Eu tinha uma quedinha por você e acho que
ainda tenho. É só que agora a gente não se vê
mais, então fica difícil alimentar qualquer coisa.
É como se meus sentimentos por você
tivessem entrado em modo de espera, mas
tenho certeza de que eles despertariam outra
vez se a gente voltasse a fazer contato.

Queria saber como você tem andado. Sinto mais saudade do que você imagina.

Eu costumava te admirar, sabia? Talvez a minha paixonite existisse porque eu queria ser como você. Você está sempre dando as caras por aí, sempre tão seguro do seu gênero. Ninguém fala mal de você pelas costas, pelo menos nunca ouvi. Todo mundo foi tão receptivo. Até os professores. Você foi tão legal, gentil e incrível, e os meninos o aceitaram como se fosse um deles. Eu queria ser igual a você.

Se algum dia nossa turma fizer uma reunião dos ex-alunos, acho que eu apareceria só pra te encontrar. Será que você iria também?

**M**

**Para o sempre querido H,**

Eu não sabia o que era
amor não correspondido
até conhecer o seu
melhor amigo. Só que
ele era completamente
inatingível, e você estava por perto,
e parecia gostar de verdade de mim.
Nunca imaginei que isso fosse acontecer.
Então acabei me acomodando,
e acho que agora estou te usando
para conseguir vê-lo aqui e ali.

Desculpe por não te amar.
Amo o seu amigo, e você
é meu único atalho.

Será que sou uma pessoa horrível
por não me sentir tão mal por isso?


De quem não te pertence,

**R**

JD,

EU VOU TE FAZER DESEJAR TER ME ESCOLHIDO.

-CND

L,

Ontem te falei que não via
um "para sempre", tão tradicional
e assustador, acontecendo
na minha vida. Você sorriu
e me disse que seria diferente
quando eu encontrasse
a pessoa certa. Teria sido
tão fácil te contar nessa hora.
Mas não contei.


Com amor,

M

K,

SE PELO MENOS
VOCÊ NÃO FOSSE
HÉTERO...
-S

**A,**

Às vezes me assusta perceber o quanto minha felicidade depende de você. Principalmente porque sei que vai chegar um momento em que você não vai estar por perto, e não sei o que vou fazer.

Só que você não faz ideia do quanto significa pra mim. Queria muito poder te contar e as palavras "Eu te amo" parecem estar sempre na ponta da língua, mas não quero perder nossa amizade por revelar meus sentimentos sem necessidade.

Por isso, caso você ache que todos aqueles poemas eram a seu respeito e que essa carta é dirigida a você, terá cem por cento de razão. Mas provavelmente você não acha e talvez nunca veja isso. E essa é a questão.

Mandando todo meu amor
para onde você estiver,

**E**

J,
ACHO QUE VOCÊ
É MINHA ALMA GÊMEA.
MAS ACHO QUE NÃO
SOU A SUA.
POR ACASO VOCÊ JÁ
VIU ALGO MAIS TRISTE
QUE ISSO?
—A

**Querida Emily,**

Você tirou meu fôlego.

Nunca mais o quero de volta.

Você roubou meu coração.

Que tal me dar o seu por garantia?

Sua personalidade cativante

e seu rosto tão lindo vivem me cercando.

Você é tudo pra mim...

só que não sou nada pra você.

**R**

Querido D,

Eu te traí com ele.
Eu te amo e você é
o homem mais perfeito
que uma mulher
poderia
querer —
mas você
não é ele.
Sinto muito.

—L

**À pessoa que não se importava muito,**

Não sei o que eu estava esperando.

**Talvez** eu esperasse que você fosse se desculpar.

**Talvez** eu não imaginasse que,
ao me ver chorar, você fosse rir.

**Talvez** eu achasse que você iria me pedir para ficar.

**Talvez** eu quisesse ouvir que você me amava
e que não queria desistir de nós.

**Talvez** eu tivesse esperanças
de que você finalmente mudasse.

Não esperava que você fosse embora.

**A pessoa que se importava demais**

**Ben,**

Já te escrevi tantas cartas, algumas aqui, outras naquele caderno roxo que deixo na cabeceira do meu quarto, e sempre me pergunto por que não te conto tudo o que já coloquei no papel. Sei que nunca enviei nenhuma delas, e que você nunca vai lê-las, mas, meu Deus, uma parte irracional de mim queria que isso acontecesse.

Faz três anos que me apaixonei por você, e sei que é recíproco porque você já me disse isso, mas o momento nunca parece certo. Foram tantas oportunidades perdidas e agora, quando não podia ser pior, finalmente tomamos a iniciativa. Odeio o que me tornei, porque não consigo controlar o que sinto ou como meu corpo reage quando suas mãos tocam minha pele.

*Infiel.*

É isso que estamos fazendo: sempre que está comigo, você está traindo ela. Não é justo com ela, comigo, com você, mas toda vez que falamos que vamos parar, que vamos restaurar os limites que nunca existiram de fato entre nós, isso acontece de novo, e acabamos nos sentindo mais culpados do que antes.

Você não pode continuar me falando que "há uma coisa especial entre a gente" ou que "as coisas podem mudar" porque, sério, isso machuca! Você não pode ficar esfregando isso na minha cara como se fosse um prêmio, porque não quero esperar você para sempre. Minha vida sem você não dá certo, mas não posso ficar aguardando uma decisão. Nem eu nem ela podemos continuar sofrendo porque você não consegue decidir o que sente.

Eu te amo, mas acho que não posso mais sentir isso.

E acho que não há nada que doa mais.

**S**

S,

EU BEIJEI ELE PRIMEIRO.

←B

**Querida R,**

Alguns meses atrás precisei fazer uma escolha.
Achava que eu não era o tipo de garoto por quem
uma menina se interessaria, muito menos duas
ao mesmo tempo. Acabei me decidindo por ela.
E foi a escolha errada.

É quase ridículo escrever isso, mas você era
muito perfeita. A gente se parecia tanto.
Achei que era bom demais para ser verdade.
Nunca acreditei que algo tão incrível
pudesse acontecer comigo.

Não te escolhi porque pensei que,
se desse errado, eu não aguentaria.
Mas isso não é nada comparado à constatação
de que eu estava irremediavelmente errado.

A

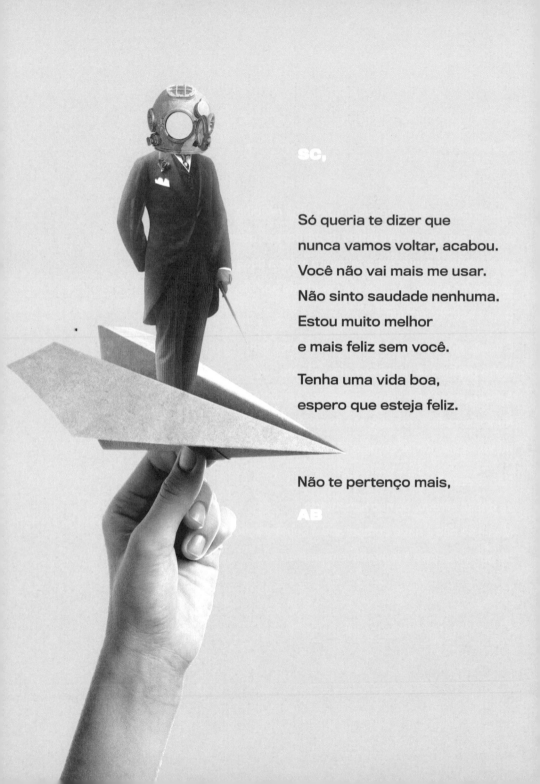

**Namorado,**

Estamos juntos há três anos, mas estou me apaixonando por outro. Eu te amo além da minha compreensão, e não tenho sombra de dúvida disso quando ele não está por perto.

Mas sempre que ele está por perto, não consigo evitar olhar para ele, reparar nele. É quase um magnetismo animal, que está me enlouquecendo. Sonho com ele há duas semanas, enquanto durmo bem ali ao seu lado.

A pior parte é que ele é o seu melhor amigo. Eu me odeio mais que tudo por ter deixado as coisas chegarem a esse ponto. Não sei se ele sente algo por mim, mas se ele tentar qualquer coisa, não sei se vou conseguir me controlar.

Às vezes me pergunto se eu não deveria te deixar em paz e nunca mais voltar a ver nenhum dos dois. Assim não arruinaria a sua vida, do jeito que arruinei a de outros antes.

Sou um monstro. Eu te amo muito, mas não sei quanto tempo mais vou conseguir me manter firme.

Por favor, mude-se para o outro lado do país como você disse que talvez fizesse, assim podemos culpar a distância e não o fato de eu ser uma pessoa absolutamente horrível.

Com amor,

**S**

**Querido garoto com uma namorada,**

Ontem à noite você ficou abraçado comigo por horas e me fez sentir mais segura do que nunca. Você passou a mão no meu cabelo, me puxou pra perto e me fez querer explodir de tanta felicidade.

Hoje cedo você acordou e disse que não lembrava de nada da noite passada, mesmo estando completamente sóbrio. E depois você disse para os meus amigos que me atirei em você e que você tentou evitar.

Só porque você se sente culpado não precisa culpar os outros por suas próprias escolhas. Fico arrasada por saber que o que você considera um grande erro foi na verdade um dos momentos mais felizes da minha vida.

Atenciosamente,

**A pessoa que te amou por três anos**

Caro J,

Você está me fazendo de refém. Você foi a primeira pessoa para quem eu disse que sou gay, mas é a última que eu quero que saiba.

—P

**A,**

Faz cinco anos que tiramos aquela foto na pista de boliche.
Quando vi seu sorriso pela primeira vez, senti como
se ele tivesse sido feito sob encomenda para mim.
Agora, toda vez que o vejo, quero arrancá-lo da sua cara.

Nosso relacionamento não foi longo nem trágico nem
especialmente interessante. Você foi o meu primeiro
desde aquela coisa horrível que aconteceu comigo
quando eu era apenas uma criança. Você foi
uma das primeiras pessoas para quem contei isso.
Você chorou nos meus braços.

Agora vamos avançar cerca de um ano e meio no tempo.
Estamos em uma festa, depois de quase nove meses sem
nos falar, e você me faz extrapolar os limites. Bebo além
da conta e começo a falar mais alto que o normal. Você bebe
e fica sentado em um canto, pensativo e contemplativo.

Encontro um lugar para descansar durante a noite,
e você aparece ali – sem ter sido convidado. Você deita
ao meu lado. Eu te afasto. Você não entende que não é não.
Estou bêbada demais para lembrar o que aconteceu,
até que você confessa meses depois.

Você não perdeu todo seu controle,
mas o bastante para me fazer te odiar.

Você foi o meu primeiro amor, e você me traiu da pior
maneira possível. Você me levou de volta ao mesmo
lugar de fragilidade de quando eu era mais nova.

E você ainda tem a cara de pau de achar que ainda
poderíamos ser amigos? Isso nunca vai acontecer.
Você não pode desrespeitar a parte mais humana
de alguém e ainda esperar algum carinho.

Você não pode violar minha confiança e
meus limites e achar que vou esquecer.

De agora em diante, quando eu te encontrar,
não vou te dirigir a palavra. Você não vale nem isso.
Eu já te perdoei. Não por você. Mas por mim.
Não vou carregar esse fardo. Sua vida não me interessa.

Faz cinco anos que tiramos aquela foto,
e finalmente tive coragem de jogá-la fora.

s

R,

Acabei de magoar alguém do mesmo jeito que você fez comigo. Você está começando a parecer um pouquinho mais com um ser humano.

—J

**W,**

Você merecia um Oscar por ter me enganado tanto tempo.

Eu era jovem e idiota. Se pudesse, voltaria no tempo pra terminar com você na primeira vez que me traiu.

**E**

querido tigrão,

desculpa. desculpa por tudo que te fiz passar,
por tudo que disse e por cada machucado
que causei no seu coração.

desculpa pelo tempo que estou fazendo
você perder e por tentar te manter por perto,
mesmo sabendo que já não te quero mais.
desculpa por me chatear quando te fiz
pensar que eu ainda era seu.

eu te amo tanto, mas tenho medo de que
se continuarmos assim vou acabar te odiando.
não quero isso. você tem sido tão bom pra mim.
por favor, pare de me amar. eu não mereço.

pooh

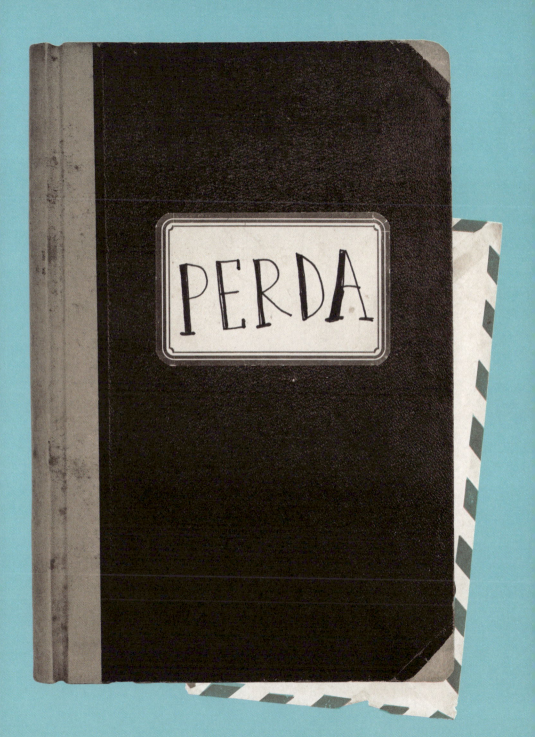

L,

ACHAMOS
O ANEL
NA SUA MESA.
EU TERIA
DITO SIM.

—A

**Querido Ty,**

Saber que nunca vou poder me despedir me mata por dentro. Desculpe por não saber que aquela seria a última vez que te veria. Eu teria dito algo além de um simples "Tchau".

**Sarah**

G,

Ele tem três meses de idade e queria que você estivesse aqui
para vê-lo crescer. Ele se parece tanto com você – olhos grandes
e escuros, sorrisinho malandro. Ele está começando a rir.
Seu irmão o faz dar as melhores risadas.

Sua mãe não consegue acreditar no quanto ele parece com você.
Acho que isso a ajuda a aguentar os dias difíceis em
que ela sente o choque de ter perdido o filho mais velho.

Queria que você soubesse dele antes de ter tomado a decisão
de pôr fim à sua vida. Quem me dera se eu tivesse descoberto
alguns dias antes. Quem sabe isso teria te impedido.
Eu falo para ele de você o tempo todo. Ele sempre
vai saber como o pai dele era forte e corajoso.

Às vezes não é fácil. Às vezes preciso de você aqui.
Ele precisa de você aqui. Às vezes só quero alguém para me dizer
que estou fazendo um bom trabalho, criando nosso filho sem você.

Às vezes só quero alguém para dizer que é normal me sentir assim.


Te amo para sempre,

E

Querido W,

Já faz quase dois anos. Dois anos desde que nós, adolescentes apavorados, tomamos a decisão mais difícil das nossas vidas. Não te culpo por ter me pedido para abortar, porque sei que foi o melhor para nós dois. Só queria que você tivesse me ajudado a juntar os cacos depois. Sei que isso ainda te assombra, do mesmo jeito que acontece comigo. Sei que é por isso que não nos falamos mais. Dói demais. Mas, do fundo do coração, torço para que um dia possamos superar isso juntos. Você é um cara incrível e merece muito ser feliz.

Com amor,

M

**Querida S,**

Queria ter falado com você na sua última noite aqui.
Queria ter dito o quanto te amo e como você
é importante para mim por ser minha irmã.
Não sei se teria conseguido mudar sua decisão,
mas gosto de pensar que você ainda estaria aqui comigo.

Agora, quase quatro anos depois, só me restam
o remorso insuportável e a sensação de impotência
por ter sido incapaz de te salvar. Sou sua irmã mais velha,
essa era minha obrigação, não? Agora que você partiu,
não há nada que eu possa fazer para mudar isso.

Espero apenas que você esteja descansando
em paz, e que saiba o quanto é amada
e o tanto de saudade que deixou.


Amor eterno,

**P**


P.S.: Leitor, se você está deprimido e deseja que sua vida acabe,
não siga os passos da minha irmã. O suicídio é uma coisa horrível
que deixa uma marca eterna naqueles que ficam para trás.

## Querida Sally,

Você já não está mais aqui,
e eu também não tenho mais
vontade de ficar.
Mas sei que, se eu
for, ninguém vai regar
as flores que plantei ao lado
da sua sepultura. Sinto como
se tudo isso fosse minha culpa
e tenho tanta saudade
que chega a doer.

Todo meu amor,

**H**

**K,**

Você morreu há quinze meses, mas ao contrário
do que todo mundo me diz, o tempo não cura
as feridas. Continuo me sentindo do mesmo jeito
de quando descobri. Sei que você jamais vai ver
isso, mas como dói demais dizer em voz alta,
vou deixar aqui: eu te amo. Sempre vou te amar.
Tentei me manter firme para o bem de C, mas acho
que ela sabe que estou começando a desmoronar.
Não sei quanto tempo ainda consigo fazer o papel
de forte. Você era o melhor primo do universo,
era praticamente meu irmão mais velho.
Este mundo não é o mesmo sem você.
A coisa que mais lamento é não ter conseguido
me despedir direito. Não há palavras para
descrever a saudade que sinto de você.


Todo meu amor,
**S**

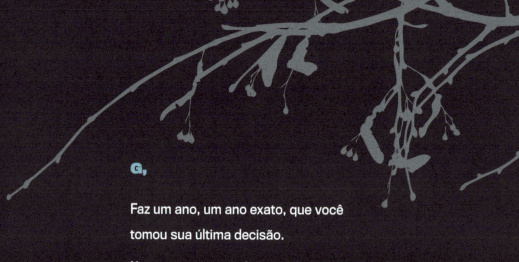

**G,**

Faz um ano, um ano exato, que você tomou sua última decisão.

Nem por um segundo parei de pensar em você ou nos momentos que vivemos. Todas as vezes que só ficávamos descansando na sua cama. Nem abríamos a boca, porque palavras eram dispensáveis, não é mesmo?

As discussões idiotas que tivemos, depois as pazes. Todo mundo dizia que a gente não era normal, que não combinávamos, era tanta briga. Mas éramos simplesmente assim, você dizia. Quem quer ser normal?

Eu lembro claramente daquele dia, da briguinha boba que tivemos porque você não atendeu o celular. Você foi embora com raiva, mas isso era normal. Você foi embora, mas não sem antes dizer que me amava. Não respondi nada – a gente era assim. Meu Deus, como eu queria ter respondido. Como queria poder voltar e correr atrás de você pra dizer o quanto te amo e preciso de você na minha vida. O quanto seu irmão mais novo não está conseguindo lidar com a sua falta. O quanto todos nós teríamos ajudado.

Eu lembro de você não voltar pra casa naquela noite, mas, de novo, aquilo era normal. Eu lembro do seu irmão me dizendo que tinham te encontrado no nosso cantinho no bosque e me entregando o pedaço de papel que encontraram com você. A última coisa que você escreveu foi que eu era gentil demais para você e que você me amaria pra sempre.

Faz um ano, um ano exato hoje, e ainda não consigo aceitar isso bem. Você tomou essa decisão, de nos deixar e dar fim ao seu sofrimento. Nunca mais houve ninguém, e falando bem francamente, não vejo possibilidade de haver mais ninguém.

Faz um ano, mas ainda dói como se tivesse sido ontem.

Estou no nosso cantinho escrevendo isso, apoiada no grande carvalho, o local exato onde você decidiu silenciar os seus demônios e pôr fim ao seu sofrimento.

Dizer que sinto saudade é pouco.


Te amo para sempre,

E

C,

Não sei por que não te liguei,
mas esse é o meu maior
arrependimento.
Nunca vou me perdoar.
Eu não poderia ter te salvado,
agora sei disso.

Mas isso não diminui
a dor em nada.

E

**Querida mamãe,**

Você sempre reagia da mesma forma quando eu voltava para casa, independente de quanto tempo eu estivesse fora: assim que escutava minha voz, você sorria. Depois levantava, por insistência minha, e me dava um abraço, ou às vezes, se eu pedisse, um beijo na bochecha. Você me olhava com tanto amor que costumava ficar constrangida, e não parava de sorrir até eu ir embora. Mesmo que, de certa forma, tenha te perdido quando você ficou doente, eu sabia que você ainda era minha mãe e que ainda me amava na mesma medida. Não importava se eu não tivesse amigos, se eu largasse a escola, se o resto da família estivesse bravo comigo, se eu fosse um fracasso: eu tinha você. Você era o meu único exemplo concreto de amor incondicional, e ao seu lado, eu era a Supermulher.

Sigo lutando sem a sua presença, mas jamais permitirei que meu coração se separe do seu. Te amo para sempre, mamãe. Quatro meses já passaram, ainda tenho uma vida inteira pela frente.

Reze por mim.

Todo meu amor,

**Sua filha solitária**

**Querida Sally,**

Sinto muito mesmo. Todos ficam dizendo que não é minha culpa, mas depois de todas as noites que passei ao seu lado para ter certeza de que você ainda respirava, falhei com você. Não pude mais fazer a vigília. Tudo que me restou foi a sua bandana e um canteiro de flores silvestres que nunca desabrocham. Ver você morrer me causou pesadelos e tanta culpa que nem sei mais o que posso fazer. Não sigo nenhuma religião, mas se alguma teoria sobre Deus e vida após a morte estiver certa, você deve estar em um lugar maravilhoso do jeito que merece. Sally, você nunca teve o que merecia e eu sinto tanto por isso. Eu te amo.

**HM**

**Meu querido cachorro,**

Eu te procuro antes de levantar do sofá.
Estalo os dedos te chamando para ter certeza
de que não te tranquei no escuro sem querer.
Grito seu nome para vir limpar a bagunça
da minha cozinha. Fico esperando você
aparecer ao meu pé. Me viro para te ver
pelo canto do olho. As sombras me enganam.
Você não está ali e as lembranças escorrem
pelo meu rosto. Eu te abracei enquanto
você adormecia. Me afastar do seu corpo
imóvel foi a coisa mais difícil que já fiz.
Tenho tanta saudade de você e da
sua barriga com cheirinho de pipoca.
Me ame e me perdoe.

**Sua pessoa favorita**

**Querida H, minha tão amada H,**

Meu coração dói quando penso em você. Os últimos doze dias têm sido horríveis. Não consigo dormir, porque a imagem de você deitada naquele arbusto, sem vida e exposta para o mundo, não sai da minha cabeça, mesmo que tenha sido criada pela minha cabeça. Faz dezesseis dias que não te vejo e nunca mais verei, embora te visite todos os dias. Isso parece errado – tudo parece tão errado. As pessoas acenderam velas para você. Eu acendi. Todo dia desde que aquilo aconteceu e a minha vida mudou – desde que você partiu. É difícil, sabe? Agora nos encontramos toda noite e ficamos sentadas lá, mas não é mais você, D, H e eu. Não é mais nosso quarteto. Somos só nós três e outras pessoas aleatórias, e parece errado não te ter do nosso lado franzindo seu narizinho e jogando a cabeça para trás, perguntando o que a gente estava pensando enquanto fazíamos qualquer coisa aleatória. Nunca mais vou sentir seus dedinhos esquisitos beliscando meu braço porque você precisava segurar o riso. Nunca mais vamos zoar alguém juntas ou pregar uma peça. Nunca mais vou te ouvir falar sobre seu batom favorito ou sobre a bolsa nova que você comprou e pela qual se apaixonou. Nunca mais vou te ver revirar os olhos para as coisas idiotas que eu faço ou te ouvir dizer que meu gosto musical é uma merda.

Jamais imaginei que pudesse chorar tanto em tão pouco tempo. Você provavelmente gostaria que eu voltasse a rir, como sempre gostava, e até consigo quando lembro das coisas bobas que costumávamos fazer juntas.

Sei que você odiava sentimentalismo, mas eu te amo e sempre vou te amar. Você estará para sempre no meu coração, não importa aonde eu vá ou com que frequência pense em você.

Tínhamos feito tantos planos juntas, e eles foram roubados da maneira mais horrível possível. Não sei como alguém pode ter feito isso com você.

Espero que agora você esteja feliz, em um lugar melhor, e espero que você olhe pela sua irmã e sua família em geral. Espero que olhe por todos nós também, seus amigos. E espero que você esteja usando aquela roupa, aquela de que você me falou. E também que você esteja comendo lasanha, como planejávamos fazer juntas. Espero que agora você realize todos os seus sonhos. Sei que vai conseguir.

Com eterno amor,

L,

Você devia ter me dito que não ia conseguir passar do Natal. Seu presente está embrulhado no meu armário. Choro toda vez que o vejo. Se você estiver vendo daí de cima, saiba que te amo e que ia te dar aquela camiseta em que você estava de olho.

Com amor,

G

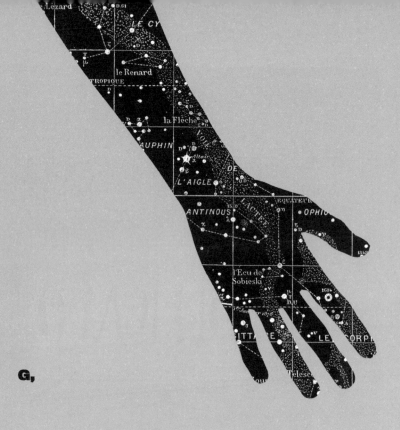

**G,**

Você me ligou nos seus dois minutos livres, enquanto esperava seu irmão no estacionamento, e isso me fez sorrir pela meia hora seguinte. Agradeço por fazer as conversas mais bobas parecerem a coisa mais maravilhosa do mundo.

**T**

J,

Às vezes, quando pego sua mão,
aperto três vezes, e você aperta
de volta. O que você não sabe
é que isso quer dizer
"eu te amo", mas talvez não
seja a hora de você ouvir
essas palavras.

Um dia vou te dizer.
Mas por enquanto estou
feliz te amando em silêncio.

Agradeço por fazer
parte da minha vida.

A

**Para as minhas ex,**

Agradeço muito a vocês. Sério mesmo. Graças a tudo por que passamos, às experiências que compartilhamos e aos diferentes estilos de vida que conheci, agora sou uma pessoa mais madura, compreensiva e grata. Cada uma de vocês me ensinou uma lição valiosa sobre a vida e como enfrentar/ lidar com o mundo. Uma parte de cada uma de vocês ficou em mim e isso me faz lembrar do que devo e não devo fazer. Vocês me ensinaram que preciso me amar antes de poder dar amor a alguém. Vocês me ensinaram que nada é perfeito. Vocês me ensinaram a não me abrir tão fácil. Graças a vocês, penso nas coisas mais a fundo. Não, talvez ainda não tenha encontrado "a pessoa certa", mas sei que se eu sair por aí atrás dela, nunca vou encontrá-la. Portanto, vocês todas me ensinaram o valor da paciência. A paciência para ir tocando a minha vida, e deixar que essa pessoa apareça no momento certo. Então, mais uma vez, agradeço a vocês por todas as experiências e aprendizado que vou levar comigo para sempre.

Atenciosamente,

**Alguém que se machucou, mas está mais forte do que nunca**

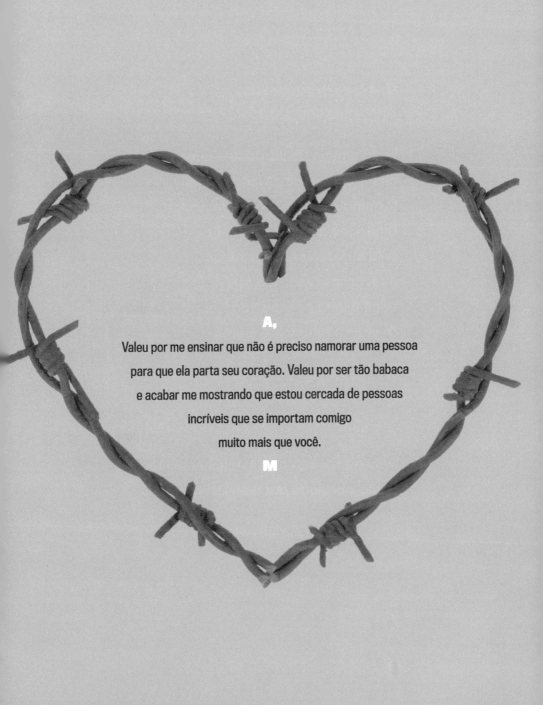

**A,**
Valeu por me ensinar que não é preciso namorar uma pessoa para que ela parta seu coração. Valeu por ser tão babaca e acabar me mostrando que estou cercada de pessoas incríveis que se importam comigo muito mais que você.
**M**

**Caro ex-namorado,**

Eu te amava de verdade e queria
casar com você. Quando você
terminou comigo, fiquei destruída.
Olhando para trás, fico feliz
pela sua decisão. Agradeço
o favor que você me fez.
Você é uma pessoa horrível.
O amor é realmente cego.

**s**

P.S.: Agora estou bem mais esperta.
Então obrigada por isso também.

J,

Os cinco anos que desperdicei ao seu lado acabaram valendo a pena. Ao perder você, me encontrei. Antes eu vivia para te agradar, agora sei o que é preciso para me fazer feliz. Por isso, te agradeço.

Com amor,

D

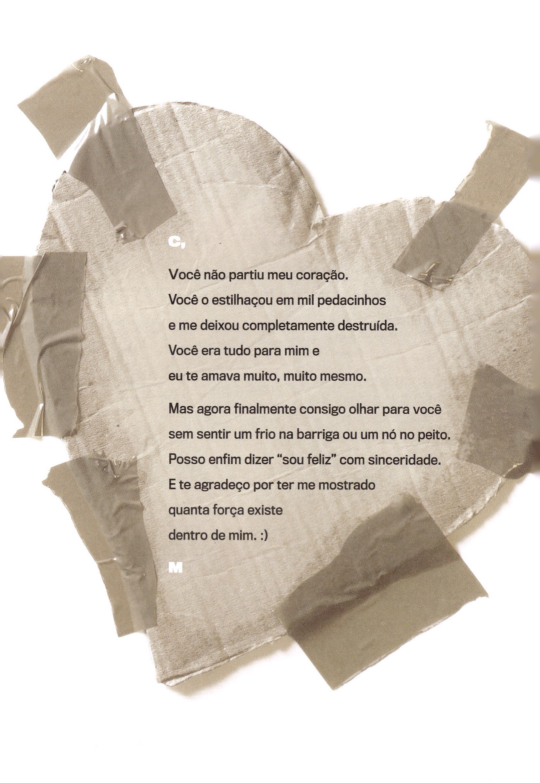

C,

Você não partiu meu coração.
Você o estilhaçou em mil pedacinhos
e me deixou completamente destruída.
Você era tudo para mim e
eu te amava muito, muito mesmo.

Mas agora finalmente consigo olhar para você
sem sentir um frio na barriga ou um nó no peito.
Posso enfim dizer "sou feliz" com sinceridade.
E te agradeço por ter me mostrado
quanta força existe
dentro de mim. :)

M

I,
AGRADEÇO POR TER
TERMINADO COMIGO.
NO FINAL, APRENDI
A ME AMAR.
—S

P.S.: JÁ NÃO PROCURO MAIS
SEU ROSTO NAS MULTIDÕES.

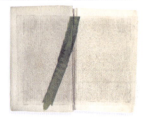

## Para o sr. R, meu professor favorito,

Tantas pessoas esquecem que um professor, no fim das contas, é só mais uma pessoa normal, levando a vida. Você foi um dos professores mais jovens que tive, mas de alguma maneira conseguiu me entender melhor que os outros cheios de grandes histórias e lições. Eu tinha treze anos quando entrei na sua turma de inglês, mas a memória que tenho de você provavelmente vai ser para a vida toda.

Em primeiro lugar, gostaria de te agradecer por ter feito de mim o que sou hoje: uma escritora. Sempre gostei de escrever, mas crescer numa família coreana não foi fácil. Inglês não era minha língua materna, e fui empurrada muito mais para matemática e ciências que para literatura. Escrever deixou de ser um hobby quando cheguei ao oitavo ano, mas você o reinstaurou em mim. Graças à sua ajuda fui capaz de desafiar meus limites e cheguei até a vencer competições nacionais e internacionais. Isso só foi possível, mais uma vez, devido à sua influência na minha vida.

Também gostaria de te agradecer por ter sido uma figura paterna para mim. Em casa, nunca tive uma de verdade; nós brigamos muito e confesso que cheguei a apanhar e ter objetos atirados em mim. Ao crescer, tinha um medo mórbido da maioria dos homens, e só mais recentemente consegui aceitá-los como amigos e companheiros na minha vida. Sua ajuda foi gigantesca; quando eu ficava muito quieta na classe ou insegura com meu trabalho, você sempre arrumava um tempo para conversar comigo. Você mesmo não é de falar muito, mas fazia esse esforço comigo e eu te agradeço demais por isso. Até mesmo quando meu primeiro namorado e eu começamos a sair no fim do ano letivo, você disse a ele para tomar conta de mim e não deixar que nada de mal me acontecesse.

Recebi também outra ajuda sua. Você sabia que eu estava enfrentando dificuldades na minha vida. Eu estava deprimida, ansiosa, emocionalmente instável. Quando mencionei meu desejo de mudar para uma escola com um ensino médio melhor, você me ajudou a procurar lugares a que eu poderia me candidatar. Quando não consegui entrar na que eu sonhava e perdi um dia de aula, você me mandou um e-mail dizendo que não havia problema. Quando eu estava cansada demais para lidar com os outros, você me deixava ficar na sua sala para simplesmente ler ou escrever em paz. Você cultivou uma semente de compaixão em mim que hoje espalho ao ajudar os outros à minha volta, e sou grata demais por isso. Chego quase a duvidar se estaria viva se não tivesse conhecido você.

Acima de tudo, obrigada por só estar presente. Foi muito gratificante me formar e te ver de terno na primeira fileira dos professores me aplaudindo enquanto eu recebia o prêmio de música e meu diploma. Valeu a pena ter lutado e persistido toda vez que te ouvia dizer: "Tenho muito orgulho de você". Obrigada.

**Da sua aluna favorita,
a quietinha Canguru**

**K,**

Um dia vou te escrever uma carta enorme contando coisas que nunca te falei nesses seis anos, mas agora só quero te agradecer.

Você não sabe (e eu provavelmente nunca vou te contar), mas a nossa conversa de hoje me ajudou a passar por um ataque de ansiedade. Surtei depois que a J me convidou para o casamento dela, porque parece que todo mundo está com a vida nos eixos, menos eu – e você, falando bobagens sobre sua solicitação da cidadania irlandesa, realmente ajudou.

Então, é isso. Valeu!

Com carinho,

**C**

**Querido R,**

Fiquei muito mal depois que o B me deixou. Ele sugou muito de mim e me cortou da vida dele como se eu fosse completamente irrelevante. Perdi toda esperança. Eu sofria com a solidão e acreditava não merecer mais amor, tamanho o trauma. Eu não queria me aproximar de nenhum cara porque tinha muito medo. Aí você apareceu do nada... Não gostei de você de cara, e quase apaguei sua mensagem. Que bom que não fiz isso e tive a chance de te conhecer melhor. Você sempre me faz sorrir, é engraçado e inteligente. Fico feliz que possamos compartilhar muitas coisas e que posso me abrir com você. Não sei quando isso aconteceu. Foi algo gradual. Agradeço por ter me trazido a felicidade.

M

# COMPARTILHE SUA CARTA

**AGORA QUE VOCÊ JÁ LEU** ESTA SELEÇÃO DE CARTAS, ESPERO QUE SE INSPIRE A ESCREVER e compartilhar sua própria carta. É surpreendentemente catártico, e você vai fazer parte de uma comunidade on-line de apoio cada vez maior. Veja a seguir mais informações para enviar sua carta.

## COMO FAÇO PARA **COMPARTILHAR MINHA CARTA?**

Você pode enviá-la para consideração na página:
**dearmyblank.tumblr.com/submit**

Ou mandá-la por e-mail para
**dearmyblank@gmail.com**

## É ANÔNIMO?

Sim. Posto todas as cartas de forma anônima.

## POSSO MANDAR A FOTO DE UMA CARTA ESCRITA À MÃO?

Sim. Você pode usar a mesma página de submissões, mudando a opção de envio para "foto", ou mandá-la por e-mail.

## É PERMITIDO O USO DE PALAVRÕES?

Sim.

## VOCÊ POSTA TODAS AS CONTRIBUIÇÕES ENVIADAS?

Faço o que posso, mas como recebo milhares de contribuições, algumas levam um tempo para serem postadas. Eu sou uma só!

## POSSO ENVIAR ALGO ESCRITO EM OUTRA LÍNGUA QUE NÃO O INGLÊS?

Sim. Não há problema em enviar uma carta na sua língua materna.

# AGUARDO A SUA CARTA!

# CASO VOCÊ NÃO QUEIRA PUBLICAR NO TUMBLR, PODE ESCREVER SUAS CARTAS AQUI.

# SE VOCÊ OU ALGUÉM QUE VOCÊ CONHECE ESTÁ COM DEPRESSÃO
OU PENSANDO EM SE MACHUCAR, NÃO HESITE EM BUSCAR AJUDA.

- **Centro de Valorização da Vida (CVV)**
  www.cvv.org.br
  Telefone: 188

- **Associação Brasileira de Familiares, Amigos e Portadores de Transtornos Afetivos (Abrata)**
  www.abrata.org.br
  Telefone: (11) 3256 4831

- **Associação Brasileira de Estudos e Prevenção do Suicídio (Abeps)**
  www.abeps.org.br

# AGRADECIMENTOS

## TODOS A QUEM SOU GRATA,

**EM PRIMEIRO LUGAR, AGRADEÇO A TODO MUNDO QUE MANDOU, COMPARTILHOU OU LEU UMA CARTA** no **Dear My Blank**. Nada disso teria sido possível sem as pessoas que participaram desse projeto – e com quem estarei sempre em dívida.

## Em segundo lugar, gostaria de agradecer a algumas pessoas incríveis que apoiaram este livro e a mim.

Obrigada à minha agente, Heather Flaherty, e à equipe da Bent Agency.

Obrigada à Random House, especialmente minha editora Emily Easton, e todos os envolvidos no processo de edição.

Obrigada a Rian, Misty e Andy.

Obrigada ao meu pai, à minha mãe, a Katie, Ashley, Courtney, Ethan, Rachel, tio Scott e tia Gina, tio Chris e tia Xiao Li, e o resto da família.

Vocês têm minha eterna gratidão,

**EMILY** TRUNKO

# SOBRE A AUTORA

## EMILY TRUNKO

É UMA GAROTA DE DEZESSEIS ANOS DA CIDADEZINHA DE COPLEY, NO ESTADO DE OHIO, ESTADOS UNIDOS.

Aos onze anos, ela começou um blog de resenhas de livros chamado On Emily's Bookshelf [Na estante de Emily], e aos catorze lançou o Clover Chain Project [Projeto Corrente de Trevos], dedicado a reunir adolescentes enfrentando dificuldades parecidas. Emily criou duas páginas no Tumblr que viraram um fenômeno na internet e foram transformadas em livro: **Dear My Blank** (que virou este livro, *Cartas secretas jamais enviadas*)

© Dennis Mong

nasceu a partir de cartas que ela mesma escreveu mas nunca teve intenção de enviar; e **The Last Message Received** (que virou o livro *Últimas mensagens recebidas*) brotou da curiosidade sobre bilhetes, mensagens e textos que mudaram a vida de seus destinatários.

Tipografia **Titling Gothic**
Diagramação **Ale Kalko**
Papel **Alta Alvura, Suzano S.A.**
Impressão **Geográfica, agosto de 2021**

A marca FSC® é a garantia de que a madeira utilizada na fabricação do papel deste livro provém de florestas que foram gerenciadas de maneira ambientalmente correta, socialmente justa e economicamente viável, além de outras fontes de origem controlada.